Christof Horst

Kess erziehen

Christof Horst

Kess erziehen

Der Elternkurs

Unter Mitarbeit von Christine Kulla,
Erika Maaß-Keibel, Rudolf Mazzola, Regina Raulfs
Redaktionelle Bearbeitung: Hubert Heeg,
Josef Pütz, Sigrid Rogge

Mit Cartoons von Renate Alf

KREUZ

MIX
Papier aus verantwortungsvollen Quellen
FSC® C106847

Überarbeitete Neuausgabe von
Kess erziehen. Der Elternkurs. © Knaur Ratgeber Verlage
Ein Unternehmen der Droemerschen Verlagsanstalt Th. Knaur Nachf.

www.kreuz-verlag.de

Umschlaggestaltung: [rincón]² medien gmbh, Köln
Umschlagmotiv: © plainpicture

Satz: de·te·pe, Aalen
Herstellung: fgb · freiburger graphische betriebe
www.fgb.de

Printed in Germany

ISBN 978-3-451-61137-7

Inhalt

Vorwort

Liebe Mütter, liebe Väter,

Kinder erziehen ohne Schimpfen, Schreien und Ausrasten, ohne sich in Konflikten zu verheddern. Stattdessen gelassen, souverän und immer freundlich bleiben. Welch eine faszinierende Vorstellung! Zum Glück gibt es viele freudige Momente und Zeiten mit unseren Kindern.

Doch Grenzsituationen gehören nun einmal auch zum Erziehungsgeschäft: Wenn wir unsere Kinder nicht verstehen, sie uns nerven und wir nicht nur innerlich explodieren. Die Herausforderungen, vor denen Eltern stehen, haben sich im Laufe der letzten Jahrzehnte sehr gewandelt. Erziehen ist anders, ist schwerer geworden. Aufgrund der gewandelten gesellschaftlichen Verhältnisse stellen sich einmal mehr die Fragen: Was kann ich als Mutter oder Vater heute für eine gute Beziehung zu meinem Kind tun? Wie kann ich sein Selbstvertrauen und Selbstbewusstsein stärken? Wie seine Kooperationsbereitschaft festigen? Wie kann ich Grenzen setzen? Was kann uns helfen, nach heftigem Streit wieder zueinander zu finden? Und auf welche Stütze kann ich zurückgreifen, um auch bei Konflikten möglichst gelassen und auch noch freundlich zu bleiben?

Kurzum: Wie finden Eltern und Kinder zu einem förderlichen, entspannten Miteinander?

In diesem Buch wollen wir Ihnen einige Wege vorschlagen, denen Sie je nach Situation und eigenem Wunsch folgen können. Kinder ermutigen, ihre sozialen Bedürfnisse achten, Grenzen respektvoll setzen, auf sich selbst und die eigenen Bedürfnisse achten – dies sind die wesentlichen Grundpfeiler von »Kess-erziehen«. Es geht nicht um eine Erziehungsmethode, sondern um eine Erziehungshaltung.

Dies macht es schwer, weil es für eine bestimmte Situation nicht den tollen Tipp gibt. Aber es macht es auch leicht, weil sich aus dieser gestärkten Grundhaltung heraus vieles, was aus einer verfahrenen Situation führt, fast automatisch ergibt.

Und es macht Sie als Mutter oder Vater stark, weil Sie aus einer Fülle von Ideen intuitiv das für Sie Hilfreiche aussuchen und umsetzen können.

Die Inhalte des Buches gründen auf der Individualpsychologie von Alfred Adler, die u.a. Rudolf Dreikurs auf die Erziehungssituation hin angewandt hat. Von diesen beiden Autoren stammen deshalb auch die Mottos, die den einzelnen Kapiteln vorangestellt sind.

Dem Buch liegt das Kurskonzept »Kess-erziehen: Mehr Freude – weniger Stress« zugrunde, entwickelt im Auftrag der Arbeitsgemeinschaft für katholische Familienbildung AKF e.V. An dem Kurs nahmen bereits über fünfzigtausend Mütter und Väter teil. In der wissenschaftlichen Begleitung zeigte sich, dass Eltern ihre Erziehungskompetenz ausbauen, sich selbst zufriedener und in der Beziehung zum Kind nachhaltig gestärkt sehen.

Das vorliegende Buch ist eine überarbeitete Ausgabe des bereits 2005 erschienenen Buches »Kess erziehen. Der Elternkurs«. Ich danke vor allem den anderen Mitgliedern des ersten »Kess«-Teams, die das Kurskonzept mitentwickelt und die erste Auflage dieses Buches mit verfasst haben: Christine Kulla, Erika Maaß-Keibel, Rudolf Mazzola und Regina Raulfs. Unsere enge und für uns alle inspirierende Zusammenarbeit legte den Grundstock für ein Projekt, dessen Erfolg für uns nicht vorhersehbar war und der sich nicht zuletzt darin zeigt, dass »Kess« inzwischen konzeptionell für etliche andere Felder der Erziehungsgeschehens weiterentwickelt wurde. Danke an euch alle!

Danken möchte ich auch Hubert Heeg, Josef Pütz und Sigrid Rogge, die über die redaktionelle Arbeit hinaus auch inhaltlich engagiert mitdachten, genauso wie Ulrike Neumann und allen

AusbilderInnen und ReferentInnen, die mit ihren kritischen und konstruktiven Rückmeldungen die Weiterentwicklung und Fortschreibung des Konzepts kräftig unterstützt haben.

Ihnen, liebe Leserinnen und Leser, wünsche ich anregende, »kesse« Stunden – bei der Lektüre und vor allem im Zusammenleben mit Ihren Kindern!

Christof Horst

Einführung: Was will und meint »Kess erziehen«?

Mütter und Väter müssen heute anders erziehen als früher. Ihre Kinder wachsen hinein in eine demokratische, plurale und technisierte Gesellschaft, die zudem höchst mobil und schnelllebig ist. Kinder müssen lernen, die Chancen und Verführungen einzuschätzen, die ihre Umwelt ihnen bietet – während gleichzeitig eben diese Umwelt das Verhalten von Eltern und Kindern nachhaltig beeinflusst. Längst reicht es nicht mehr aus, Kinder und Jugendliche in die Welt der Erwachsenen »einzuführen«. Kinder müssen sich selbst Kompetenzen aneignen und sich in Bereichen zurechtfinden, die den Erwachsenen oft fremd bleiben – zum Beispiel hinsichtlich der Medienvielfalt, im EDV-Bereich oder der Kommunikationstechnik.

Vor diesem Hintergrund erscheint Erziehung heute als besondere Herausforderung und als gemeinsamer Wachstumsprozess, in dem Erwachsene und Kinder einander immer wieder fordern und fördern. Dabei ist ein respektvoller und fairer Umgang miteinander gefragt und eine Erziehung zur Selbstständigkeit und Verantwortung für sich und die Gemeinschaft. Bei all dem darf natürlich auch die Lebensfreude nicht fehlen. »Kess erziehen« möchte Sie dabei unterstützen.

»Kess-erziehen« bedeutet:

K wie **kooperativ**: Eltern und Kinder sollen so gut wie möglich zusammenarbeiten. Sie verabreden gemeinsam Regeln für das Familienleben und lösen gemeinsam ihre Konflikte miteinander. Wo sinnvoll und möglich, werden Beschlüsse von allen in einem Familienrat gefasst.

E wie **ermutigend**: Eltern nehmen ihre Kinder so an, wie sie sind. Sie nehmen besonders ihre Stärken in den Blick, fördern ihre Selbstständigkeit und sorgen dafür, dass sie möglichst viel Verantwortung für sich selbst übernehmen.

S wie **sozial**: Erwachsene und Kinder sind gleichwertig. Die Eltern achten die sozialen Grundbedürfnisse der Kinder, legen aber auch Wert darauf, dass diese ihrerseits die Bedürfnisse der Eltern respektieren.

S wie **situationsorientiert**: Erziehungssituationen sind so zu lösen, wie es in der Situation selbst den Möglichkeiten und Wünschen der beteiligten Eltern und Kindern entspricht.

Wie eine solche Erziehung konkret aussehen kann, zeigen wir Ihnen in diesem Buch. Wir wollen Ihnen als Mutter oder Vater helfen, die dafür notwendige Erziehungshaltung zu fördern. Wir laden Sie ein, innezuhalten und die Beziehung zu Ihrem Kind in den Blick zu nehmen. Wir möchten Ihnen Impulse geben, wie Sie das Miteinander in Ihrer Familie stärken und das alltägliche Erziehungsgeschehen gezielt weiterentwickeln können.

- Sie erfahren, welche sozialen Grundbedürfnisse Ihr Kind hat und was es zur positiven Entwicklung seines Selbstwertgefühls braucht.
- Sie lernen, weshalb Kinder bestimmte »unerwünschte«, die Eltern störende Verhaltensweisen zeigen und wie Sie darauf situationsorientiert und effektiv reagieren können.
- Sie werden ermutigt, Grenzen respektvoll zu setzen und Ihrem Kind die Folgen zuzumuten, die aus dem Verhalten resultieren.
- Sie lernen Strategien kennen, mit denen Sie Konfliktsituationen entschärfen und Probleme gemeinsam lösen können.
- Sie erhalten vielfältige Impulse, wie Sie Ihre Beziehung zu Ihrem Kind stärken und seine Entwicklung zu einem eigenständigen, verantwortungsvollen, kooperativen und lebensfrohen Menschen unterstützen können.

Mit Sicherheit haben Sie im Umgang mit Ihrem Kind auch bisher schon viel Förderliches praktiziert. Sich das bewusst zu machen, ist das eine Ziel von »Kess-erziehen«. Das andere ist: Ihr Erziehungsverhalten da weiterzuentwickeln, wo es hilfreich und sinnvoll ist. Dabei schaut »Kess-erziehen« vor allem darauf, wie Sie in Ihrer Familie miteinander umgehen. Denn das Geheimnis einer förderlichen Erziehung ist der achtsame, respektvolle und konsequente Umgang miteinander. »Kess-erziehen« versteht sich deshalb nicht als eine Methode, sondern steht für eine Erziehungshaltung.

Entsprechend setzt »Kess-erziehen« da an, wo Sie als Mutter oder Vater am ehesten etwas verändern können, nämlich bei sich selbst. Auf vieles, was das Verhalten Ihres Kindes mitbestimmt, haben Sie nur wenig Einfluss, etwa auf sein Temperament, auf ererbte Eigenschaften oder auf seine Freunde. Trotzdem sind Sie ein wichtiges Gegenüber für Ihr Kind – mit Ihrem Lebensstil und Ihrem Verhalten, damit, wie Sie Dinge wahrnehmen, deuten und auf sie reagieren. Hier können Sie am besten etwas ändern.

»Kess-erziehen« hilft Ihnen zudem, auch Ihre Stärken und die Ihres Kindes besser wahrzunehmen. Dadurch reduzieren Sie Konflikte und erziehungsbedingten Stress. Das liebevolle, spannende und erlebnisreiche Miteinander gewinnt an Raum, die Beziehung zwischen Ihnen und Ihrem Kind wird nachhaltig gestärkt.

Setzen Sie mit »Kess-erziehen«

- auf einen respektvollen Umgang miteinander,
- auf eigenständige, verantwortungsvolle und lebensfrohe Kinder,
- auf ein gekonntes Umgehen mit Konflikten,
- auf Gemeinschaftssinn und Kooperation,
- auf eine Erziehung, die Spaß macht.

1 Kinder kess erziehen: kooperativ – ermutigend – sozial – situationsorientiert

Warum Eltern so erziehen, wie sie erziehen, und warum es für jedes Erziehungsproblem unterschiedliche Lösungen geben muss.

Wir müssen den Mut haben,
nicht perfekt zu sein.
Rudolf Dreikurs

Woher wissen wir eigentlich, wie wir mit Kindern umgehen und sie erziehen sollen? In der Schule lernen wir das nicht. Da kann es einen im ersten Moment schon ratlos machen, wenn man von einem willensstarken 2-Jährigen oder einer pubertierenden 15-Jährigen herausgefordert wird. Wie soll man sich verhalten? Klar, irgendwie reagiert man darauf. Und irgendwie erziehen wir auch unsere Kinder. Aber wie eigentlich und warum gerade so?

Zum einen orientiert sich unser Erziehungsstil an unserer Umgebung, an anderen Eltern, an Büchern oder Szenen aus dem Fernsehen. Dabei spielen auch aktuelle »Erziehungstrends« eine Rolle. Denn Erziehung wird immer auch beeinflusst von gesellschaftlichen und politischen Strömungen. So war Anfang der 1970er-Jahre die »Antiautoritäre Erziehung« angesagt, heute werden der »Abschied von der Spaßpädagogik«, das »Lob der Disziplin« oder Strategien für »die Mutter des Erfolgs« propagiert.

Neben den aktuellen Einflüssen wirken aber auch viele Merkmale des Erziehungsstils unserer Eltern in unserem eigenen Erziehungsverhalten weiter – oft sogar mehr, als uns bewusst ist. Die Art und Weise, wie unsere Eltern uns begegne(te)n, wie sie uns erzogen, prägt unser Leben und unsere Persönlichkeit nachhaltig, auch im Umgang mit unseren eigenen Kindern.

Überlegen Sie einmal: Wie wurden Sie selbst erzogen?

Welche Gewohnheiten und Verhaltensweisen Ihrer Eltern haben Sie als positiv erlebt?

Was haben Sie vermisst?

Gab es bestimmte Eigenschaften, auf die Ihre Eltern besonderen Wert gelegt haben?

Wann haben Ihre Eltern Ihnen Grenzen gesetzt? Und wie?

Wie haben Sie sich dabei gefühlt?

Bei welchen Gelegenheiten hätten Sie sich andere Reaktionen Ihrer Eltern gewünscht?

Welche Stärken konnten Sie durch das Erziehungsverhalten Ihrer Eltern entwickeln?

Entdecken Sie in Ihrem Umgang mit Ihren eigenen Kindern manchmal Spuren des Erziehungsstils Ihrer Eltern?

Erziehungsstile unterscheiden sich vor allem im Umgang mit Freiheit und mit Grenzen. Grob skizziert lassen sich folgende Stile voneinander abgrenzen:

- Der autoritäre Stil setzt Grenzen ohne Freiheit. Die Kinder werden dem Willen der Erwachsenen unterworfen. »Gehorchen« wird zu ihrer höchsten Tugend erklärt. Einerseits kann dieser Stil den Kindern das Gefühl von Sicherheit vermitteln, andererseits ist die Gefahr groß, dass sich Eigeninitiative, Entschlusskraft und Verantwortungsgefühl nur gering entwickeln.
- Der antiautoritäre Erziehungsstil, auch Laissez-faire-Stil genannt, lässt Kindern Freiheit ohne Grenzen. Bietet dieser Stil den Kindern auch viel Raum zur eigenen Entfaltung und Kreativität, so birgt er doch die Gefahr, dass die Kinder kaum Halt und Orientierung erfahren und sich nicht ernst genommen, sich nicht gesehen fühlen.
- Der autoritative (respektvoll-kooperative) Erziehungsstil versteht sich als ein dritter Weg. Er gewährt Kindern Freiheit in Grenzen. Eltern setzen soweit nötig klare Standards und Regeln, soweit möglich werden diese mit den Heranwachsenden besprochen und gemeinsam aufgestellt, Autonomie ist ein hoher Wert. Dadurch entstehen gegenseitiger Respekt, Kooperation und Verantwortungsbewusstsein.

Wahrscheinlich praktizieren die wenigsten Mütter oder Väter einen Stil in Reinkultur. Vermutlich haben Sie selbst in Ihrer Kindheit Elemente aus dem einen wie dem anderen Stil erlebt, mit unterschiedlicher Gewichtung natürlich. Und vermutlich folgen Sie auch in Ihrem eigenen Erziehungsverhalten mal dem einen, mal dem anderen Stil.

Überlegen Sie einmal: Wie möchten Sie erziehen?

Welche Fähigkeiten Ihrer Kinder möchten Sie gerne fördern?

Was möchten Sie möglichst vermeiden?

Was möchten Sie genauso machen wie Ihre Eltern?

Und was möchten Sie anders machen als Ihre Eltern? Worauf möchten Sie persönlich Wert legen?

Wie Sie respektvoll erziehen

»Kess-erziehen« möchte Eltern für einen respektvollen Erziehungsstil gewinnen. Dieser steht in unseren Augen für eine förderliche und zeitgemäße Erziehung auf der Basis der Gleichwürdigkeit von Eltern und Kindern. Sie gehen respektvoll miteinander um, stellen Regeln möglichst gemeinsam auf, besprechen die Folgen von Grenzüberschreitungen vorher und bemühen sich zusammenzuarbeiten. Das alles erleichtert das Zusammenleben in der Familie. Das bedeutet aber nicht, dass »Kess erziehen« Ihnen für alle möglichen Erziehungssituationen die »richtigen« Lösungen anbietet. Das ist auch gar nicht möglich.

Jede Mutter, jeder Vater, jedes Kind ist anders. Selbst ein und dieselbe Person ist morgen anders als heute. Gestern konnten Sie über den »Umzug« vielleicht noch lächeln, den Ihre Kinder mit Trommeln und Kirmestrompeten veranstalteten. Heute dagegen leiden Sie unter Kopfschmerzen und werden sich das gleiche Spiel zu Recht verbitten. Genauso ist Ihr Kind heute »anders drauf« als gestern – mal übermütig, mal niedergeschlagen, mal »aufmüpfig«, mal kooperativ, mal unternehmungslustig, mal träge. Deshalb können letztlich nur Sie selbst wissen, was in der jeweiligen Situation passt, was Sie sich selbst zumuten können und was Ihr Kind braucht. Dementsprechend müssen Sie unter verschiedenen Handlungsmöglichkeiten auswählen. Dabei kann, was für den einen ein gangbarer Weg ist, für den anderen vielleicht unvorstellbar sein. Lassen Sie sich davon nicht irritieren. Finden Sie Ihren eigenen, individuellen Weg und handeln Sie so, dass Sie voll

und ganz dahinterstehen können – als die Person, die Sie sind, mit allen Stärken und Schwächen. Denn erziehen heißt, Beziehung zu leben, so wie man ist. »Kess-erziehen« zeigt Ihnen in diesem Sinn zwar Wege auf, wie Sie den achtsamen und konsequenten Umgang miteinander entwickeln und stützen können – auch in Konfliktsituationen. Welche konkrete Spur Sie dann aber aufnehmen, entscheiden Sie selbst.

Vergessen Sie dabei nicht: So wichtig es ist, sich mit dem eigenen Erziehungshandeln auseinanderzusetzen, so notwendig ist es auch, dass Sie auf sich selbst achten, auf die Oasen, in denen Sie selbst Kraft tanken, auf Freiräume für eigene Interessen genauso wie auf Ihre Partnerschaft bzw. Freundschaften. Das alles bildet den Rahmen Ihres Lebens, Ihrer Beziehungen und Ihrer Erziehung. Investieren Sie also in einem ersten Schritt Zeit in Ihre Alltagsgestaltung und in Ihre Partnerschaft bzw. Freundschaften! Gehen Sie erst dann den zweiten Schritt und folgen Sie, wo immer es für Sie passt, den Anregungen von »Kess-erziehen«.

Wenn Sie mehrere Kinder haben

Die Grundhaltung von »Kess-erziehen« kommt allen Kindern und Ihrem Verhältnis zu ihnen zugute. Es wird aber auch Wert darauf gelegt, Ihren Blick bewusst auf jedes einzelne Kind zu lenken. Denn so wie Sie ist auch jedes Kind einzigartig und will auch als individuelle Persönlichkeit wahrgenommen werden. Es erlebt seine Familie und die Umwelt in seiner eigenen Art und Weise und verhält sich ganz individuell dazu. Jedes Kind braucht etwas anderes von Ihnen. Kinder völlig gleich zu behandeln wäre deshalb höchst ungerecht! Schauen Sie daher auf jedes Kind einzeln und gehen Sie auf seine Probleme ein. Wenn Sie danach etwas Neues ausprobieren möchten, müssen Sie nicht gleich alles auf einmal ändern. Lassen Sie sich Zeit und konzentrieren Sie sich zunächst auf das Kind, bei dem es Sie am meisten drängt.

Wenn Mutter und Vater anders erziehen

Es ist kein Wunder, dass Väter und Mütter unterschiedlich erziehen, sondern völlig in Ordnung. Ihr Kind erlebt so zwei Menschen mit unterschiedlichen Geschlechtern und Charakteren, unterschiedlichen Stärken und Schwächen, vielleicht auch mit unterschiedlichen Wertvorstellungen und Erziehungsweisen. Sicher mag ein einheitlicher Erziehungsstil einem Kind die Orientierung zunächst erleichtern. Aber er ist kein »Muss«.

Unterschiedliche Stile ermutigen das Kind, einen eigenen Weg zu finden. Es lernt, sich mit Mutter und Vater zu arrangieren und sich bei jedem etwas anderes zu »holen«. Es kann sich mit den individuellen Werten und Lebensweisen auseinandersetzen. Trauen Sie Ihrem Kind ruhig zu, dass es mit unterschiedlichen Einstellungen umgehen kann!

Überlegen Sie einmal: Erziehen Sie als Eltern unterschiedlich?

Was machen Sie im Umgang mit Ihrem Kind (nicht nur in Konfliktsituationen!) anders?

....

Worauf beruhen diese Unterschiede?

....

Welche unterschiedlichen Stärken erlebt Ihr Kind dadurch bei Ihnen als Eltern?

....

Wichtig ist vor allem, dass Sie als Eltern über Ihr(e) Kind(er) und die Erziehung im Gespräch bleiben. Tauschen Sie sich aus über Erfreuliches und Unerfreuliches, über Herausforderndes und Gelingendes. Wenn Sie für sich Fragen haben oder Unsicherheiten spüren und deshalb etwas Neues ausprobieren möchten, erzählen Sie dem anderen davon. Fragen Sie ihn, was er davon hält. Verständigen Sie sich evtl. auf ein gemeinsames erzieherisches Handeln. Oder laden Sie ihn dazu ein, sich anhand dieses Buches über Erziehungsfragen auszutauschen oder einen Elternkurs zu besuchen.

Auch wenn er dies nicht will und Sie grundlegende Meinungsverschiedenheiten haben: Gehen Sie davon aus, dass ihr/e Partner/in wie Sie das Beste für Ihr Kind will! Teilen Sie sich gegenseitig mit, worum es Ihnen jeweils geht, wenn Sie so verschieden handeln. Hören Sie einander gut zu. Versuchen Sie, Ihre Überlegungen miteinander zu verbinden, wenn Ihre unterschiedlichen Erziehungsweisen Sie in bestimmten Situationen belasten. Vielleicht kann Ihnen dabei die Konfliktlösestrategie von »Kess-erziehen« (S. 110 ff.) helfen.

Für Eltern, die getrennt leben, sich das Sorgerecht aber z.B. teilen, ist ein solcher Austausch eine besonders große Herausforderung, für manche auch nicht möglich. Wertschätzen Sie umso mehr die Situationen und Gespräche, in denen Ihnen dies gelingt und bauen Sie darauf auf.

Exkurs: Der eigene Lebensstil

Die Erziehung unserer Kinder wird nicht allein durch das geprägt, was wir gezielt »erzieherisch« tun oder lassen. Viel stärker, als uns bewusst ist, wirkt die Persönlichkeit der Eltern. Die Individualpsychologie spricht von »Lebensstil«. Jede Mutter, jeder Vater hat ganz persönliche Einstellungen zum Leben, zu sich selbst, zu anderen und zur »Welt«. Diese alltäglichen Handlungs- und Bewertungsmuster, die ihre Wurzeln oftmals in der Kindheit haben, prägen auch den individuellen Erziehungsstil. Sie kommen in Leitsätzen zum Ausdruck wie

- »Edel sei der Mensch, hilfreich und gut.«
- »Geschenkt wird keinem was.«
- »Ich schaffe das schon.«
- »Jeder muss sehen, wo er bleibt.«

Ein Beispiel:
Frau Friedrichs will, dass ihre 4-jährige Tochter Julia möglichst viel mitbestimmt. So darf Julia zum Beispiel selbst bestimmen, was sie anzieht. Frau Friedrichs ist es trotzdem immer wieder peinlich, wenn Julia für den Kindergarten Kleidungsstücke auswählt, die nicht gut zueinander passen oder die schon etwas abgetragen sind. Es fällt ihr dann sehr schwer, gemäß ihrer eigenen Einstellung zu handeln, nämlich Julias Entscheidung zu akzeptieren.

Hier spielt ein unbewusster Lebensstil eine Rolle. Wenn Frau Friedrichs an ihre eigene Kindheit zurückdenkt, erinnert sie sich daran, wie sie sich oft wegen ihrer Kleidung geschämt hat. Sie fühlte sich ausgegrenzt, weil sie oft alte Sachen auftragen musste und sich keine neuen Kleidungsstücke kaufen durfte. Sie kann aufgrund dieser eigenen Erfahrungen nur schwer nachvollziehen, dass Julia so unbekümmert ihre Kleidung auswählt.

Wenn Frau Friedrichs sich dieser Facette ihres Lebensstils bewusst wird, nämlich ihrer Angst vor Ausgrenzung, ist es ihr leichter möglich wahrzunehmen, welche geringe Rolle im Unterschied zu ihren eigenen Erfahrungen modische Fragen bei Julia spielen.

Die grundsätzlichen Einstellungen, die unser weiteres Denken, Fühlen und Handeln prägen, bilden sich oft schon in der frühen Kindheit aus. Wie in einem Theaterstück ohne Drehbuch und ohne Regisseur wird ein Kind in eine Handlung hineingeboren, die bereits läuft. Es beobachtet das Geschehen um sich herum ganz genau, deutet es, zieht seine Schlüsse daraus (Was ist wichtig? Worauf kommt es an?) und sucht sich seinen Platz. Aus Versuch und Irrtum entwickelt es Handlungsweisen, die erfolgreich sind und ihm sinnvoll und logisch erscheinen. Mit der Zeit bildet das Kind so einen persönlichen Wahrnehmungsfilter, mit dem es neue Situationen beurteilt: Sein Lebensstil hat sich gefestigt und zieht sich wie eine Melodie durch sein ganzes Leben – unverwechselbar und einmalig.

Es ist sehr interessant, vor diesem Hintergrund Facetten des eigenen Lebensstils zu entdecken, zu erkennen, dass Einstellungen und Verhaltensweisen in Erfahrungen aus der frühen Kindheit begründet sind und wie sie bis heute wirken.

Bei der Auseinandersetzung mit dem eigenen Lebensstil geht es im Wesentlichen darum, zu verstehen, wie die eigene Bewertung von Situationen entstanden ist, nicht darum, was richtig oder falsch ist. Mit dieser Erkenntnis fällt es leichter, die eigenen Erfahrungen von dem manchmal ganz anderen Erleben der Kinder zu trennen. Es ermöglicht, Handlungsalternativen zu entwickeln und Situationen bewusster gestalten zu können.

Überlegen Sie einmal: Ihre Haltung – Ihre Werte

Worauf kommt es Ihnen in Ihrem Leben an?

Wie drücken sich diese Einstellungen in Ihrem alltäglichen Handeln aus?

Was, glauben Sie, nimmt Ihr Kind davon wahr?

Gibt es im Alltag mit Ihrem Kind Situationen, in denen Sie ganz anders empfinden oder die Sie anders bewerten bzw. einschätzen als Ihr Kind?

Spielen für Ihre Gefühle oder Bewertung dieser Situationen Erfahrungen aus der eigenen Kindheit eine Rolle?

Die bewusste Wertevermittlung spielt ebenfalls eine entscheidende Rolle in der Erziehung. Welche Werte liegen Ihnen persönlich besonders am Herzen?

Worin zeigt sich dies im alltäglichen Handeln?

Was möchten Sie Ihrem Kind stärker als bisher vermitteln?

Worin könnte sich das ausdrücken?

Das Wichtigste im Überblick

- Ein respektvoller Erziehungsstil, der von der Gleichwürdigkeit von Eltern und Kindern ausgeht, schafft die Grundlage für ein wertschätzendes Miteinander in der Familie.
- Weil jeder Erwachsene und jedes Kind individuelle Persönlichkeiten sind, kann es nicht eine einzige »richtige« Lösung für alle möglichen Erziehungssituationen geben.
- Geschwister sind unterschiedlich, jedes Kind braucht etwas anderes, braucht individuelle Zuwendung. Deshalb kann es keine »Gleichheit« in der Erziehung geben. Gleichbehandlung wäre in diesem Sinne sogar höchst ungerecht!
- Kinder können damit umgehen, wenn ihre Mutter anders erzieht als ihr Vater. Wichtig aber ist, dass Eltern darüber im Gespräch bleiben und sich in ihrer Unterschiedlichkeit respektieren.
- Bei der Auseinandersetzung mit dem eigenen Lebensstil geht es im Wesentlichen darum zu verstehen, wie die eigene Bewertung von Situationen entstanden ist. Mit dieser Erkenntnis fällt es leichter, die eigenen Erfahrungen von dem manchmal ganz anderen Erleben der Kinder zu trennen.

2 Das Kind achten und verstehen

Wie Eltern ihre Kinder sehen und wie sie ihnen ihre Wertschätzung zeigen können.
Warum Kinder stören und wie Eltern die versteckten Botschaften verstehen können.

Mit den Augen des anderen sehen,
in den Schuhen des anderen gehen und
mit dem Herzen des anderen fühlen.
Alfred Adler

Überlegen Sie einmal: Wie sehen Sie Ihr Kind?

Welche Eigenschaften schätzen Sie an Ihrem Kind ganz besonders?
Worauf sind Sie stolz?

Was finden Sie an Ihrem Kind reizend und einfach nur »nett«, worüber freuen Sie sich?

Wann braucht Sie Ihr Kind, wann braucht es Ihre Hilfe und Unterstützung unbedingt?
Wo sind Sie für Ihr Kind ganz wichtig?

Mit welchem Verhalten Ihres Kindes haben Sie Schwierigkeiten? Was muss es Ihrer Meinung nach vor allem noch lernen?

Wenn Sie an Ihr Kind oder Ihre Kinder denken, dann kommen Ihnen sicherlich viele Bilder und Episoden in den Sinn. Und je nachdem betrachten Sie es dabei mal mit diesem, mal mit jenem »Auge«. Was Sie mit den Augen der stolzen, zufriedenen und fürsorglichen Eltern sehen, tut Ihnen selbst und Ihrem Kind einfach nur gut.

Dagegen sorgt der kritische Blick des Erziehers erst einmal für »Reibung«. Sie erinnern sich wahrscheinlich an manche Situationen, in denen bei Ihnen Wut und Ärger hochkochten oder in denen sich das Gefühl von Hilflosigkeit breit machte – weil sich Ihr Kind wieder einmal in einer bestimmten Art und Weise verhielt.

Solche Momente bleiben keiner Mutter und keinem Vater erspart. In diesen Situationen entstehen Konflikte, ein Wort gibt das andere, das Miteinander ist schier zum Verzweifeln. Fast automatisch kommen dann Gedanken wie diese: »Was ist nur los mit meinem Kind? Das macht es nur, weil es mich ärgern will, weil es sich einfach nicht benehmen kann oder weil es verwöhnt ist.« Und vielleicht geht es in Ihrem Kopf dann noch so weiter: »Da habe ich etwas falsch gemacht.« (Denn ein störendes Kind ist ein schlechtes Kind, und ein schlechtes Kind hat schlechte Eltern …). Am Ende der Gedankenkette steht dann oft das erklärte Ziel: »Das Verhalten treibe ich ihm aus, damit aus meinem Kind ein ›gut erzogenes‹ Kind wird und ich nicht als schlechte Mutter oder schlechter Vater wahrgenommen werde (oder mich so fühle)«. Nicht selten führt dieser Kampf in ein für alle Beteiligten entmutigendes Miteinander.

Das können Sie verhindern, wenn Sie Folgendes im Blick behalten:

- Schwierigkeiten gehören zum Leben und sind weder immer vorhersehbar noch vermeidbar.
- Jedes Kind ist anders und reagiert unterschiedlich auf Probleme.

Ein Kind, dessen Verhalten immer wieder als störend empfunden wird, will eventuell auf sich aufmerksam machen und etwas signalisieren. Wenn Mütter und Väter verstehen, was das Kind in diesen Situationen fühlt und denkt, können sie angemessen reagieren. Das erste Ziel für Eltern heißt dann eben nicht: »Ich muss den Schuldigen ausfindig machen und meinem Kind schlechte Verhaltensweisen austreiben.« Sondern: »Ich muss die Hilferufe meines Kindes entschlüsseln.«

Die sozialen Grundbedürfnisse

Aber worum kann es einem Kind gehen, wenn es Erziehende mit seinem Verhalten »stört«?

Menschen brauchen nicht nur Nahrung, Luft und Wärme. Sie haben auch »soziale« Grundbedürfnisse. Diese spürt ein Kind genauso wie ein Erwachsener:

- Es möchte dazugehören und sich geliebt fühlen.
- Es möchte wichtig sein und Bedeutung haben.
- Es möchte Einfluss nehmen und selbständig etwas tun können.
- Es möchte sich geborgen und sicher fühlen, so dass es Mut hat, sich zu engagieren und auch Misserfolge verkraften kann.

Überlegen Sie einmal: Wann waren Sie als Kind glücklich?

Erinnern Sie sich an eine besonders schöne Situation aus Ihrer Kindheit. Wenn Ihnen spontan keine einfällt oder Ihnen solche Erinnerungen schwer fallen, dann malen Sie sich eine Situation aus.

Starten Sie dann Ihren »Kindheitsfilm«, zoomen Sie die Szene näher heran.

In welcher Umgebung befinden Sie sich?

Was tun Sie gerade?

Ist jemand bei Ihnen oder in Ihrer Nähe?

Welche Eindrücke, Bilder, Gerüche und Gefühle verbinden Sie mit dieser Situation?

Was ist Ihnen wichtig?

Welches der oben genannten sozialen Grundbedürfnisse wird in dieser Situation für Sie erfüllt?

Und wie sieht es bei Ihrem Kind aus? In vielen Situationen achten Sie seine sozialen Grundbedürfnisse wahrscheinlich ganz spontan, ohne groß darüber nachzudenken. Es lohnt sich aber, wenn Sie sich diese Momente einmal bewusst machen.

Überlegen Sie einmal: Wann ist Ihr Kind glücklich?

Wann, glauben Sie, fühlt sich Ihr Kind besonders geliebt?

Welchen Beitrag leisten Sie selbst dazu?

Wann, glauben Sie, fühlt sich Ihr Kind besonders wichtig?

Welchen Beitrag leisten Sie selbst dazu?

Wann kann Ihr Kind Einfluss nehmen (besonders in der Familie)?

Welchen Beitrag leisten Sie selbst dazu?

Wann, glauben Sie, fühlt sich Ihr Kind besonders geborgen und sicher?

Welchen Beitrag leisten Sie selbst dazu?

Ein Kind versucht, die Erfüllung seiner Grundbedürfnisse mit allen Mitteln zu erreichen. Dies ist die Motivation für jedes Verhalten. Welche Methoden den meisten Erfolg versprechen, folgert es aus seinen Beobachtungen und Erfahrungen. Für die Erziehung ist es von grundlegender Bedeutung, das Kind in seinem Anliegen zu verstehen. Denn solange es den Eltern nicht klar ist, was dem Verhalten ihres Kindes zugrunde liegt und was es damit womöglich bezwecken könnte, ist es für sie schwierig, hilfreich auf ihr Kind einzugehen.

Das bedeutet umgekehrt: Je besser Eltern die Motive für das Verhalten ihres Kindes erkennen, desto eher können sie auch mit schwierigen Verhaltensweisen angemessen umgehen. Sie können gezielt auf die berechtigten Anliegen ihres Kindes eingehen und ihm helfen, geeignete und erfolgreiche Wege zu finden, damit es seine sozialen Grundbedürfnisse erfüllt sieht.

Schenken Sie Ihrem Kind »Edelsteinmomente«

Ein guter Weg, wie Sie als Mutter oder Vater den Grundbedürfnissen Ihres Kindes gerecht werden können, sind so genannte »Edelsteinmomente«: Momente, in denen Sie Ihrem Kind (oder einem anderen Menschen) das Gefühl geben, wirklich wichtig für Sie zu sein, und ihm zeigen, dass Sie es wertschätzen und achten. In den »Edelsteinmomenten« lenken Sie Ihre gesamte Aufmerksamkeit auf Ihr Kind. Dadurch gewinnt Ihre Zuwendung eine besondere Intensität, die aus Ihrem direkten, persönlichen Interesse an Ihrem Kind und seiner wunderbaren Einzigartigkeit hervorgeht. Ihr Kind – und auch Sie selbst! – können darin wahre Glücksmomente erleben, die sich deutlich vom normalen Alltag abheben und diesem Glanzlichter aufsetzen.

Überlegen Sie einmal: Wann fühlen Sie sich angenommen?

Welche Situationen fallen Ihnen spontan ein?

Welches konkrete Verhalten Ihres Gegenübers empfinden Sie jeweils als besonders wohltuend?

Welches konkrete Verhalten eines anderen hilft Ihnen, von sich, von persönlichen Gedanken, Empfindungen und Erlebnissen, zu erzählen?

Als Mutter oder Vater sind wir oft versucht, mehrere Dinge gleichzeitig zu tun: Wir gehen unserer Arbeit nach und sind mit den Gedanken ganz woanders, während wir gleichzeitig versuchen, unserem Kind gerecht zu werden. Das Ergebnis ist aber »nichts Halbes und nichts Ganzes«. Dabei geht es weder unserem Kind gut noch uns selbst. Unser Kind fühlt sich unverstanden und ignoriert, es resigniert vielleicht oder versucht, immer ungeduldiger und mit »verschärften« Mitteln unsere ungeteilte Aufmerksamkeit zu bekommen. Wir selbst sind hin- und hergerissen. Einerseits fühlen wir uns gestört und belästigt, weil wir unsere Tätigkeit nicht fortsetzen können. Andererseits fühlen wir uns unwohl, weil wir merken, dass wir unserem Kind nicht gerecht werden.

Bestimmt haben Sie schon oft erfahren, wie gut Ihnen die ungeteilte, konzentrierte Aufmerksamkeit eines anderen tut. Auch Ihr Kind spürt das sehr genau. Es merkt dann, dass es wichtig für Sie ist, dass Sie ihm Achtung schenken und seine Bedürfnisse ernst nehmen: »Mama/Papa unterbricht ihre/seine Arbeit für mich!« Ihr Kind fühlt sich geliebt, seine Bedürfnisse werden befriedigt, und das oft in ganz kurzen Begegnungen.

Klar: Manchmal haben Sie wirklich keine Zeit, sich ganz Ihrem Kind zuzuwenden. Machen Sie dann besser keine faulen Kompromisse. Sagen Sie ihm, dass es jetzt nicht geht und wann Sie wieder Zeit zum Zuhören oder Spielen haben. Halten Sie diese Zusage aber unbedingt ein – ohne dass Ihr Kind Sie daran erinnern muss!

Und vergessen Sie auch die »Edelsteinmomente« nicht! »Edelsteinmomente« können Sie auf vielfältige Weise in Ihren Alltag einstreuen. Das einfühlsame Zuhören, wenn Ihr Kind Kummer hat, gehört genauso dazu wie Sekundenbegegnungen. Ein liebevolles Zulächeln, Zunicken, Zuzwinkern, ein kurzes Streicheln über den Kopf und ein herzliches Umarmen können gleichermaßen wunderbare, warme Gefühle auslösen.

Sie können »Edelsteinmomente« sogar als feste Rituale in Ihren Alltag einplanen: eine Kuschel- und Kitzelrunde morgens vor dem Aufstehen, ein liebevolles Nasewetzen beim Abschied ins Büro, das »Komm-in-meine-Arme-Spiel« beim Wiedersehen, das Vorlesen vor dem Schlafengehen.

Es lohnt sich, sich auf solche »Edelsteinmomente« immer wieder einzulassen und diese auch gezielt zu pflegen. Sie sprechen das Kind in seinen Grundbedürfnissen an und tragen so wesentlich dazu bei, das Miteinander harmonischer und entspannter erleben zu können. Denn das Kind bekommt das, was es braucht, ohne zuvor Verhaltensweisen einzusetzen, die andere stören.

Überlegen Sie einmal: Wo sind Ihre Edelsteine?

Wann und wo haben Sie mit Ihrem Kind »Edelsteinmomente« erlebt?

Ergaben sich diese Augenblicke eher zufällig? Oder gibt es dafür typische Anlässe?

Was tragen Sie selbst dazu bei?

In welchen anderen Situationen könnten Sie Ihrem Kind »Edelsteinmomente« schenken?

Welche Rituale könnten Sie in den Alltag einbauen?

Ein Tipp: Um auf neue Ideen zu kommen und zu »Edelsteinmomenten« ermutigt zu werden, lohnt sich ein Erfahrungsaustausch mit anderen Eltern.

Entschlüsseln Sie versteckte Botschaften

Wenn die Mutter oder der Vater gerade mit anderen (scheinbar vordringlichen) Aufgaben beschäftigt ist, haben Kinder oft das Gefühl, abgewiesen zu werden. Sie müssen erst lernen, damit fertig zu werden. Vorerst schließen sie daraus: »Mama oder Papa haben mich aus dem Blick verloren. Ich bin für sie nicht (mehr) wichtig.«

Aus dieser – oft irrigen – Schlussfolgerung heraus kämpfen sie um mehr ungeteilte Aufmerksamkeit. Sie suchen nach Mitteln und Wegen, um das zu erreichen. Sie beobachten und sammeln Erfahrungen, wie ihnen das am besten gelingt. Bei diesem Versuch, ihren Platz in der Familie (wieder)zu finden, nutzen sie oft »störendes« Verhalten.

Ein Beispiel:
Als ihre Mutter mit dem neugeborenen Bruder aus der Klinik nach Hause kommt, erkennt die 2-jährige Sarah bald, wie viel Aufmerksamkeit die Mutter dem Baby widmet. Unglücklicherweise interpretiert Sarah das als Zeichen, dass die Mutter das Baby lieber hat als sie. Ob das tatsächlich stimmt, spielt keine Rolle. Was zählt ist nur, was Sarah glaubt. Sarah sieht ihr Grundbedürfnis, für ihre Mutter wichtig zu sein, bedroht und versucht deshalb, mehr Aufmerksamkeit der Mutter auf sich zu lenken. Sie benimmt sich selbst wie ein Baby und gibt ihr deutlich zu verstehen, dass sie das Baby nicht mag.

Was erreicht Sarah mit Ihrem Verhalten? Kurzfristig kümmert sich Sarahs Mutter zwar um ihre »große« Tochter: Sie belehrt sie oder schimpft mit ihr. Doch das Gefühl, geliebt zu werden und wichtig zu sein, stellt sich dadurch bei Sarah nicht ein. Im Gegenteil: Sie merkt, dass ihre Mutter mit ihrem Verhalten nicht einverstanden ist. Dadurch fühlt sie sich noch weniger geliebt – und muss noch mehr stören. Der Versuch hat Sarah also nicht wirklich geholfen.

Sobald Kinder in ihrem Gefühl der Zugehörigkeit verunsichert sind, versuchen sie mehr oder weniger verzweifelt, die anderen dazu zu bringen, sich ihnen zuzuwenden. Allerdings entwickeln sie falsche Vorstellungen darüber, wie sie ihre Grundbedürfnisse befriedigen können. Sie glauben, dass sie nur dann dazugehören, wenn sie Aufmerksamkeit erregen, Macht ausüben, Rache nehmen oder sich zurückziehen und ihre Unfähigkeit beweisen.

	Irrtümliche Annahmen des Kindes	Beispiele für das Verhalten des Kindes
Übermäßige Aufmerksamkeit	*»Ich gehöre nur dazu, wenn ich bemerkt werde oder wenn sich jemand ständig mit mir beschäftigt.«*	Die Kinder reden dazwischen, unterbrechen die Eltern bei ihrer Arbeit, albern herum, machen gezielt »Unfug« – oder agieren überaus unterhaltend, perfekt und angepasst.
Macht	*»Ich zähle nur, wenn ich der Boss bin oder wenn ich dir zeigen kann, dass du nicht über mich bestimmen kannst.«*	Die Kinder stellen Forderungen, brausen auf, verweigern die Erfüllung von Pflichten oder Rücksichten, lügen oft oder erfüllen ihre Aufgaben nur schlecht oder langsam.
Rache	*»Ich werde nur ernst genommen, wenn ich andere verletze.«*	Die Kinder werfen Eltern böse Blicke zu, beleidigen sie, stellen sie vor anderen bloß, verweigern grimmig ihre Hilfe, zerstören Dinge oder verletzen andere.
Rückzug	*»Ich werde nur beachtet, wenn ich nichts richtig machen kann.« Zunehmend: »Ich kann nichts richtig machen. Also mache ich überhaupt nichts mehr.«*	Die Kinder ziehen sich zurück, erledigen ihre Aufgaben nicht, geben sich auf, signalisieren Unfähigkeit und Hilfsbedürftigkeit.

Deutliche Signale und wie wir sie erkennen

Zeigt das Kind störende Verhaltensweisen, kann es passieren, dass sich Mutter oder Vater mit ihm in ein für sie alle entmutigendes Miteinander verstricken. Das störende Verhalten wird immer heftiger bekämpft. Die Kinder fühlen sich erst recht unverstanden und »stören« umso mehr. Entsprechend nehmen Ärger, aber auch Selbstzweifel und Ratlosigkeit bei Mutter oder Vater zu. Die Konflikte eskalieren und belasten das Zusammenleben immer mehr. Ein Kreislauf der Entmutigung hat sich entwickelt (s. hierzu die Skizzen auf den nachfolgenden Seiten).

Was können Sie in einem solchen Fall tun?

Ziehen Sie zunächst einmal aus solchen Situationen nicht den Schluss, dass Sie versagt hätten! Das konflikthafte Verhalten des Kindes kann die unterschiedlichsten Hintergründe haben. Zum einen können die Auseinandersetzungen entwicklungsbedingt sein. So entwickelt ein Kind seine Selbständigkeit gerade auch über Machtkämpfe. Spannungen sind in diesem Zusammenhang notwendig und Zeichen einer gesunden Entwicklung.

Zum anderen lassen sich Enttäuschungen beim Kind nicht vermeiden, so dass es sich hinsichtlich der Erfüllung seiner Grundbedürfnisse verunsichert fühlen mag. Sei es, dass Sie sich als Mutter oder Vater abgrenzen, dass Sie zu Wünschen des Kindes »nein« sagen oder sei es aufgrund vieler unabwendbarer Belastungen in und außerhalb der Familie. Welche Schlüsse das Kind aus seinen Erlebnissen zieht, können wir nicht voraussehen. Am Beispiel von Sarah ist dies gut nachzuvollziehen.

Schauen Sie nach vorn! Vor allem kommt es jetzt darauf an zu verstehen, was Ihr Kind eigentlich will und was es mit seinem Verhalten bezweckt. Fragen Sie sich, welche versteckten Botschaften Ihr Kind Ihnen sendet. Nehmen Sie also das Verhalten Ihres Kindes als ein deutliches Signal. Es zeigt Ihnen, dass es Ihrem Kind in bestimmten Situationen nicht gut geht und dass es etwas ganz Bestimmtes erreichen will.

Um zu erahnen, worum es dem Kind geht und welches Signal es sendet, ist es hilfreich, dass Sie auf Ihre Gefühle und Reaktionen achten, die das Kind mit seinem Verhalten bei Ihnen auslöst. Denn diese unterscheiden sich meist voneinander, je nachdem, welches Signal das Kind Ihnen sendet. Die Gefühle gehören zu dem gemeinsamen »Spiel« in solchen Situationen und stehen meist am Anfang der unguten Dynamik. Dabei ist es im Übrigen egal, wer durch sein Verhalten zur »Spieleröffnung« beigetragen hat.

Die Gefahr ist, dass Eltern und Kinder sich schnell in ein entmutigendes Miteinander verstricken. Sie ist umso größer, je mehr Mutter oder Vater im Affekt auf das sie störende Verhalten ihres Kindes reagieren.

Sobald wir als Mutter oder Vater aber anhand unserer Reaktionen wahrnehmen, welches Signalverhalten das Kind zeigt, und wir dann unsere Aufmerksamkeit auf die entsprechende versteckte Botschaft lenken, ermöglicht es uns, angemessen zu reagieren oder aus einem drohenden Kreislauf der Entmutigung auszusteigen. Die versteckten Botschaften gilt es also zunächst einmal zu entdecken.

Deutliche Signale – versteckte Botschaften

Die Einsicht, dass das Kind nicht provozieren oder die Eltern ärgern will, hilft, frühzeitig aus dem drohenden entmutigenden Kreislauf auszusteigen und angemessene Handlungsalternativen zu finden. Überlegen Sie, welches Signal für Sie gerade ein Thema ist und blättern Sie entsprechend auf den folgenden Seiten (ab S. 40) nach.

Doch halten wir fest: Das Verstehen des Kindes, das Entdecken der versteckten Botschaft ist der erste, wichtige Schritt aus dem entmutigenden Kreislauf hinaus.

Mögliche Gefühle der Eltern	Signale	Versteckte Botschaften: Was das Kind eigentlich will und braucht
Sie sind irritiert (interessiert bis genervt), fühlen sich zunehmend gestört, belästigt und frustriert. (»Hör doch endlich auf damit!«)	**Ungebührliche Aufmerksamkeit**	**Zugehörigkeit – Beachtung – Beteiligung** »Ich möchte beachtet werden und dazugehören. Bitte helft mir, mich zu beteiligen.«
Sie fühlen sich provoziert und herausgefordert. (»Ich werde dich schon dazu bringen.« – »Damit kommst du nicht durch.«)	**Macht**	**Selbstständigkeit – Mitsprache** »Ich möchte selbstständig sein und mitbestimmen können. Bitte lasst mir eine Wahl, gebt mir Entscheidungsmöglichkeiten, damit ich lernen kann, verantwortlich zu handeln.«
Sie fühlen sich verletzt, gekränkt, ohnmächtig, sind wütend und wollen zurückverletzen. (»So nicht!« – »Wie kannst du mir das antun?«)	**Rache**	**Fairness – Gleichbehandlung** »Ich möchte fair behandelt werden. Bitte beachtet meine Gefühle und Bedürfnisse und helft mir, zu kooperieren.«
Sie sind verzweifelt, verunsichert, hilflos oder mitleidig, zunehmend aber auch genervt und ungeduldig. (»Was kann ich nur tun?«)	**Rückzug**	**Kompetenz** »Ich möchte, dass Ihr mir Mut macht und mich immer wieder ermutigt. Bitte helft mir, mir selbst zu vertrauen.«

Der Kreislauf der Entmutigung
Signal: »Übermäßige Aufmerksamkeit«

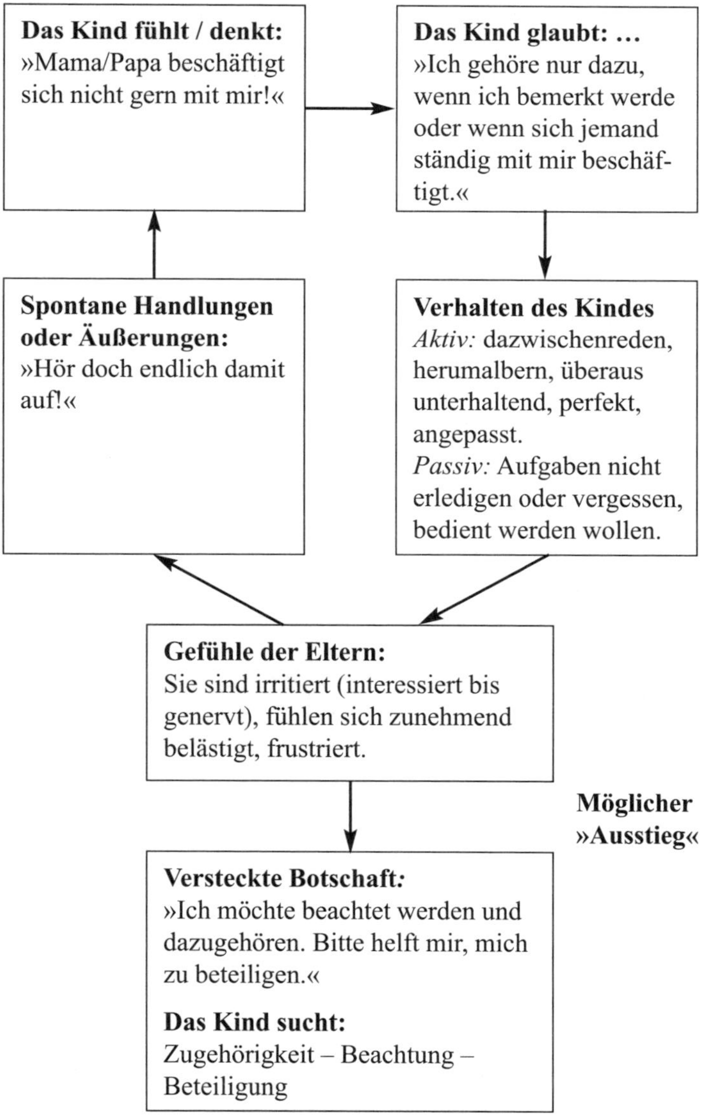

Der Kreislauf der Entmutigung
Signal: »Macht«

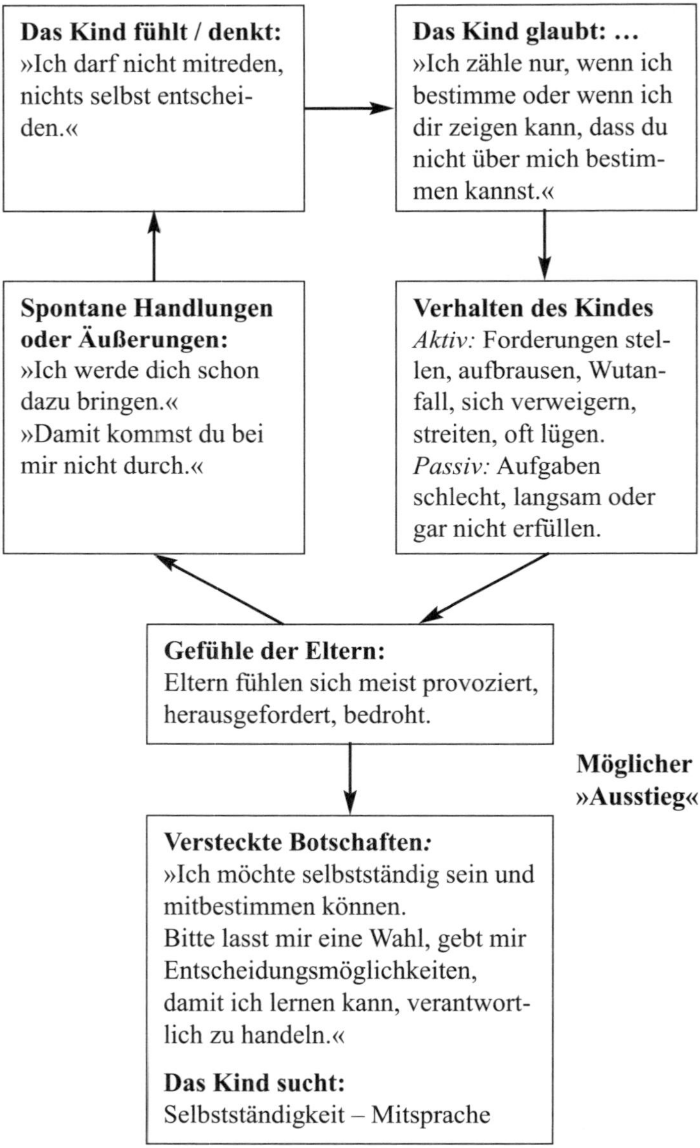

Der Kreislauf der Entmutigung
Signal: »Rache«

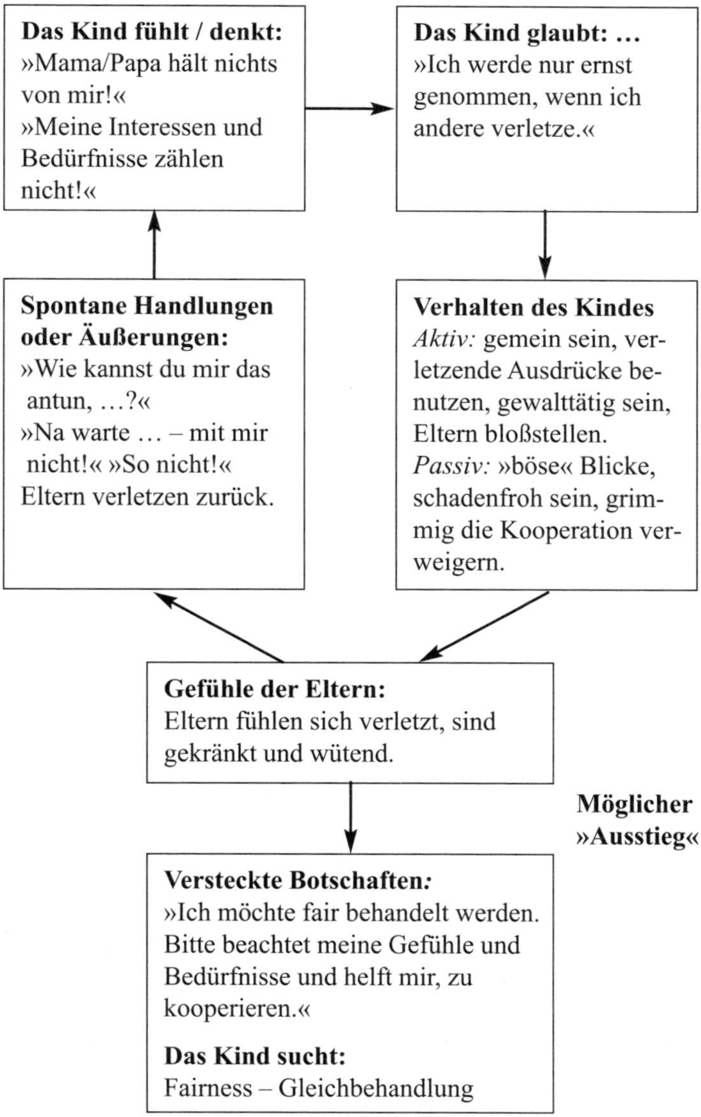

Der Kreislauf der Entmutigung
Signal: »Rückzug / vermeintliche Unfähigkeit«

Das Kind fühlt / denkt:
»Ich kann nichts (lernen)!«

Das Kind glaubt: …
»Ich werde nur beachtet, wenn ich den Eltern beweise, dass ich nichts richtig machen kann. »
»Ich kann nichts richtig machen. Also mache ich überhaupt nichts mehr.«

Verhalten des Kindes
Sich zurückziehen, sich aufgeben, erst gar nichts versuchen, Unfähigkeit demonstrieren, »kann es nicht«.

Gefühle der Eltern:
Eltern sind meist verzweifelt, hilflos oder mitleidig, zunehmend auch genervt und ungeduldig.

Spontane Handlungen oder Äußerungen:
»Was kann ich nur tun?«
»Ach, lass mich mal machen.«

Möglicher »Ausstieg«

Versteckte Botschaften:
»Ich möchte, dass Ihr mir Mut macht und mich immer wieder ermutigt. Bitte helft mir, mir selbst zu vertrauen.«

Das Kind sucht also:
Kompetenz

Überlegen Sie einmal: Was will Ihr Kind Ihnen sagen?

Erinnern Sie sich an eine typische Situation, in der Sie sich durch das Verhalten Ihres Kindes gestört oder provoziert fühlten. Wie hat sich Ihr Kind verhalten?

Wie haben Sie sich dabei gefühlt? Welche Gedanken kamen Ihnen?

Welches Signalverhalten hat Ihr Kind vermutlich gezeigt? Übermäßige Aufmerksamkeit, Macht, Rache oder Rückzug?

Welche versteckte Botschaft könnte sich hinter seinem Verhalten verborgen haben?

Wenn Sie sich das Miteinander im Alltag anschauen, können Sie mit dieser Botschaft etwas anfangen? Welcher Gedanke kommt Ihnen spontan?

Das Wichtigste im Überblick

- Konflikte mit Kindern gehören zum Familienleben und sind weder immer vorhersehbar noch vermeidbar. Keinesfalls sind sie ein Hinweis darauf, dass die Eltern versagt hätten.
- Kinder wollen vor allem dazugehören, Bedeutung und Einfluss haben und sich sicher fühlen.
- Wenn wir erkennen, welche berechtigten Bedürfnisse hinter »störendem« Verhalten von Kindern stecken, können wir ihnen helfen, geeignete und erfolgreiche Wege zu ihrer Befriedigung zu finden.
- Durch »Edelsteinmomente« können wir unseren Kindern einfach und direkt zeigen, dass wir sie wertschätzen und dass sie wichtig für uns sind.

3 Aus entmutigenden Kreisläufen aussteigen – Der Umgang mit störenden Verhaltensweisen

Wie Eltern Machtkämpfe und andere fruchtlose Auseinandersetzungen mit ihren Kindern vermeiden

Alles kann auch anders gesehen werden.
Alfred Adler

»Räum' bitte dein Zimmer auf, ich möchte darin staubsaugen.« Bestimmt haben auch Sie diesen Satz schon mehr als einmal zu Ihrem Kind gesagt. Und Sie wissen deshalb auch, wie die Geschichte üblicherweise weitergeht.

Nach einer halben Stunde stellt die Mutter fest: Die Stofftiere sind inzwischen ordentlich an ihrem Stammplatz verstaut. Doch statt die Legosteine aufzuräumen, baut die Tochter damit hingebungsvoll eine Raketenabschussbasis und hat dafür sogar noch mehr Bausteine im Kinderzimmer ausgebreitet. Der Ton der Mutter wird schärfer: »Du trödelst hier 'rum, und ich komme mit meiner Arbeit nicht weiter! In einer Viertelstunde ist das Zimmer aufgeräumt!«

Nach dieser Viertelstunde sieht das Zimmer immer noch nicht anders aus, weil die Tochter dringend aufs Klo musste. Die Mutter droht: »Solange das Zimmer nicht aufgeräumt ist, darfst du nicht raus zu deinen Freundinnen.« »Lass mich in Ruhe! Das ist mein Zimmer. Und außerdem gehe ich jetzt!«, schreit die Tochter zurück. Das veranlasst wiederum die Mutter, die Lautstärke noch einmal zu steigern: »Das wirst du nicht tun, sonst kannst du den Ausflug morgen vergessen.«

Unter dem Druck dieser Drohung beseitigt die Tochter das gröbste Chaos. Einige Legosteine wird ihre Mutter später während des Staubsaugens aufheben, die anderen findet sie in einer Ecke zusammengeschoben vor.

Überlegen Sie einmal: Wohin führt die Eskalation?

Kennen Sie ähnliche Episoden aus Ihrer eigenen Erfahrung als Mutter oder Vater?

Was empfinden die Beteiligten, während die Auseinandersetzung eskaliert?

In welchem Grundbedürfnis fühlt sich die Tochter möglicherweise verletzt?

Verändert oder verfestigt sich dieses Gefühl im Laufe der Auseinandersetzung?

Fallen Ihnen ähnliche Erlebnisse aus Ihrer eigenen Kindheit ein?

Was hätten Sie sich damals von Ihren Eltern gewünscht?

In solchen Auseinandersetzungen hilft es Eltern nicht, im Affekt zu handeln. Strafpredigten, verbale Auseinandersetzungen, Kränkungen, aber auch Nachgeben führen ebenso wenig weiter wie Disziplinierungsmaßnahmen in Form von Fernsehverbot, Nachtischentzug oder Zimmerarrest.

Vielleicht gehorcht das Kind sogar unter dem Druck der Drohung, stört aber dann bei nächster Gelegenheit von Neuem – weil es mit seinem Verhalten etwas ganz anderes erreichen will, als seine Eltern meinen. Mehr noch: Durch die elterliche Reaktion fühlt sich das Kind darin bestätigt, dass es von seinen Eltern keine freundliche Zuwendung, Mitsprache, Respekt oder Unterstützung erwarten kann. Also wird es durch störendes Verhalten weiterhin wenigstens negative Zuwendung erzwingen. Die ist immer noch besser als gar keine. Die eigentliche Sehnsucht des Kindes wird jedoch nicht gestillt. Und aus eigener Kraft kann ein Kind auch nicht aus diesem Kreislauf der Entmutigung aussteigen.

Das ist Aufgabe der Erwachsenen, von Mutter oder Vater.

Die »IRIS-Strategie«

Hier setzt die so genannte »IRIS-Strategie« an. In vier Schritten hilft sie Mutter oder Vater, Abstand von der konkreten Situation zu gewinnen, die versteckte Botschaft hinter dem zunächst so störenden Verhalten zu erkennen und dem Kind ermutigend zu begegnen.

I wie Innehalten
Sagen Sie sich selbst innerlich: Stopp! Reagieren Sie nicht aus dem Affekt heraus, zum Beispiel mit Strafpredigten, Drohungen oder Strafen.
Steigen Sie aus der drohenden Eskalation aus, treten Sie innerlich einen Schritt zurück, indem Sie z. B. in Gedanken rückwärts zählen, einen kurzen Reim aufsagen, an eine schöne Situation denken o.ä.

R wie Respektieren
Respektieren Sie Ihr Kind und versuchen Sie, es zu verstehen. Es handelt nicht so, um Sie zu ärgern, sondern weil es seine sozialen Grundbedürfnisse nicht erfüllt sieht.

Aber: Seine Motive zu respektieren bedeutet nicht, dass Sie auch sein Verhalten akzeptieren müssen!

I wie Ignorieren
Gehen Sie so wenig wie möglich auf das störende Verhalten Ihres Kindes ein. Sonst bestätigen Sie Ihr Kind in seiner entmutigenden Annahme und laden es damit geradezu ein, seine Ziele auch weiterhin auf diesem Weg zu verfolgen.

Aber: Störendes Verhalten zu ignorieren bedeutet nicht, das Kind selbst zu ignorieren! Die meisten Mütter und Väter kennen das: So sehr sie sich auch bemühen zu übersehen, was ihre Kinder anstellen – irgendwann platzt ihnen der Kragen. Schlimmer noch: Weil sich ihr Ärger in der Zwischenzeit aufgestaut hat, droht er sich umso heftiger zu entladen. Je länger Eltern also »dulden«, desto größer wird die Gefahr, dass sie ihr Kind anschließend mit Macht und Druck zu kontrollieren versuchen, statt ihm das Gefühl zu geben, dass sie es lieb haben. Also müssen Mutter und Vater möglichst schnell:

S wie Selbst handeln
Genau genommen geht es dabei um zwei Schritte:

(1) Zum einen müssen Sie »hier und jetzt« versuchen, sofort aus der drohenden Eskalation auszusteigen.
(2) Zum anderen geht es darum, dem signalisierten sozialen Bedürfnis über die Konfliktsituation hinaus im Alltag besondere Beachtung zu schenken.

Wie dies im Einzelnen aussehen kann, hängt von dem Signal ab, das Ihnen Ihr Kind sendet, und von den Motiven, die es damit verfolgt. Jedenfalls kommt es darauf an, die versteckte Botschaft zu erkennen und seine berechtigten sozialen Bedürfnisse so gut wie möglich zu befriedigen. Versuchen Sie also, Ihr Verhaltensrepertoire für den Alltag weiterzuentwickeln, schenken Sie Ihrem Kind freiwillig und von sich aus Zuwendung, Mitsprache, Fairness und Unterstützung für eigene Erfolge.

Halten Sie Ihrem Kind aber auf keinen Fall den Irrtum vor: »Du willst ja bloß Aufmerksamkeit!« oder »Dir geht es nur um Macht!«. Solche Vorwürfe helfen Ihrem Kind nicht, sein Verhalten zu ändern. Die Bloßstellung seiner Motive, selbst wenn sie noch so »richtig« ist, zeigt ihm keine Alternative auf, sondern beschämt es. In seiner Ratlosigkeit wird es sein unangemessenes Verhalten möglicherweise sogar noch verstärken. Oder Ihr Kind entwickelt Rachegefühle, wenn Sie Ihr überlegenes Wissen als Machtmittel gegen es ausspielen.

Wie wichtig eine langfristige Reaktion auf das störende Verhalten von Kindern ist, zeigt ein Vergleich: Stellen Sie sich vor, Sie möchten von Ihrem Partner hören, dass er Sie liebt. Erst nach wiederholtem Drängen sagt er: »Ich liebe dich!« Stellt dieses Bekenntnis Sie genauso zufrieden wie ein freiwilliges, das er von sich aus gibt? Ihr Drängen dient dem gleichen Zweck wie das störende Verhalten von Kindern: Sie wollen beide wissen, was Sie dem anderen bedeuten. Gewissheit erhalten Sie dadurch aber nicht. Halten Sie also auch im Alltag Ausschau nach Möglichkeiten, Ihrem Kind zu geben, was es braucht. Dabei ist nicht Ihre Einschätzung das Entscheidende, sondern das Empfinden Ihres Kindes. Das bedeutet nicht, dass Sie Ihr Verhalten komplett ändern oder große Aktionen inszenieren müssen. Selbst kleine Schritte können bereits Großes bewirken.

Im Folgenden erfahren Sie, wie die »IRIS-Strategie« auf die vier Verhaltensweisen »übermäßige Aufmerksamkeit«, »Macht«, »Rache« und »Rückzug« angewendet werden kann.

3.1 Signal »übermäßige Aufmerksamkeit«

Wenn eine Situation immer nerviger wird

Frau Ruhland legt im Wohnzimmer Wäsche zusammen, während Ina (3) auf dem Fußboden spielt. Da klingelt das Telefon. Als Frau Ruhland den Hörer abhebt, meldet sich ihre beste Freundin, die gerade aus dem Urlaub zurück ist. Doch kaum haben die beiden Frauen die ersten Sätze gewechselt, kommt Ina zu ihrer Mutter und beginnt, auf sie einzureden. Als Frau Ruhland das zunächst ignoriert, wird Ina immer lauter und zupft immer heftiger an ihrem Arm. Schließlich wendet sich Frau Ruhland doch ihrer Tochter zu und hört sich geduldig an, was Ina alles an ihrem Spielfigürchen bewegen kann.

Kaum hat Frau Ruhland das Gespräch wieder aufgenommen, hat Ina das nächste Anliegen: Ihre Mutter soll ihr helfen, das Puppenkleid zuzuknöpfen ... Dann hat Ina ganz furchtbaren Durst ... Und schließlich möchte sie ihrer Mutter unbedingt etwas in ihrem Zimmer zeigen...

Frau Ruhland ermahnt Ina, dann schimpft sie, schließlich droht sie sogar. Doch alles fruchtet nicht: Sie kommt kaum dazu, auf ihre Freundin einzugehen, weil Ina immer wieder ihre Aufmerksamkeit verlangt.

Kinder, die um Aufmerksamkeit ringen, fühlen sich zu wenig beachtet. Sie meinen, dass ihre Eltern sie aus dem Blick verlieren, wenn sie sich anderen Beschäftigungen zuwenden. Denn sie glauben: Ich gehöre nur dazu, wenn die Erwachsenen sich ständig um mich kümmern.

Überlegen Sie einmal: Wie haben Sie es erlebt, als Ihr Kind Aufmerksamkeit erzwingen wollte?

Erinnern Sie sich an Situationen, in denen Ihr Kind Aufmerksamkeit gefordert hat und Sie sich dadurch gestört gefühlt haben?

____

Warum, glauben Sie, hat Ihr Kind damals so drängend Ihre Aufmerksamkeit gesucht?

____

Wie haben Sie auf seine Störungen reagiert?

____

Wie hat sich Ihr Kind nach dieser Reaktion verhalten?

____

Welche Gefühle haben Sie dabei gehabt?

____

Womit sind Sie in dieser Situation im Nachhinein nicht zufrieden gewesen, womit schon?

....

In Situationen wie der von Frau Ruhland und Ina ist die Gefahr groß, als Eltern schnell genervt und verärgert zu reagieren: »Du weißt doch, dass ich beim Telefonieren nicht gestört werden will! Das ist doch nicht so schwer zu verstehen!« Oder: »Geh weg, ich brauch' jetzt meine Ruhe!« Durch solche Sätze fühlen sich Kinder zurückgewiesen und in ihrer Überzeugung bestätigt: »Ich bin für meine Mutter, meinen Vater nicht wichtig.« Das führt in einen entmutigenden Kreislauf.

Gleichzeitig gilt: Wenn wir als Mutter oder Vater unserem Kind in solchen »nervenden« Situationen Aufmerksamkeit schenken, belohnen wir es damit für sein störendes Verhalten. Es lernt, dass es trotz Widerstand zum Ziel kommt. Und umso mehr wird unser Kind auch in Zukunft zu diesem erfolgreichen Mittel greifen. Ein unlösbares Dilemma?

Exkurs: Wie viel Zuwendung braucht ein Kind?

Zeit, Zuwendung und Zärtlichkeit: Nach der bekannten Formel, die der Schweizer Pädagoge Heinrich Pestalozzi (1746–1827) vor mehr als 200 Jahren aufstellte, sind das die »drei großen Z«, die Eltern ihren Kindern schulden. Wobei »Zeit« eigentlich nur eine notwendige Begleiterscheinung ist und »Zärtlichkeit« nur eine besondere Qualität von »Zuwendung« darstellt, sprich: Vor allem braucht ein Kind Zuwendung.

Zuwendung kann vieles sein, je nach Alter des Kindes: Da ist der intensive Körperkontakt, beispielsweise durch das Stillen oder das Tragen des Säuglings in einem Tragetuch, das Vorlesen in einer Kuschelecke, die Gute-Nacht-Geschichte am Abend, der Turm aus Bauklötzen, der gemeinsam aufgestapelt wird, oder das erste Papierflugzeug, das zusammen gebastelt wird. Da ist die gemeinsame Freude über die ersten Bilder des jungen Künstlers, über die vielen Spiele mit zunehmender Anforderung wie Memory, Mau-Mau, Uno oder Schach, und über die gemeinsam gefeierten Geburtstage, die Ausflüge und Sportaktivitäten. Und nicht zuletzt sind da das offene Ohr für die vielen Erlebnisse und Eindrücke, das Lächeln und Kitzeln beim Windelwechsel, das aufmunternde Zuzwinkern, Streicheln, in den Arm nehmen, das liebevolle Einbeziehen der Kinder in die Überlegungen und Entscheidungen der Erwachsenen …

Vieles davon geschieht »nebenbei«, ganz selbstverständlich, für anderes müssen Mutter und Vater sich Zeit nehmen. Doch da gibt es auch noch die vielen anderen Anforderungen, Notwendigkeiten und Interessen, um die Eltern sich kümmern müssen oder möchten – der Haushalt, der Beruf, das Hobby, die eigenen, vielleicht pflegebedürftigen Eltern, Freundschaften und nicht zuletzt die so notwendigen eigenen Auszeiten…

Da stellt sich die Frage: Wie viel Zuwendung braucht ein Kind eigentlich? Einige »Zeitmanager« meinen, diese Frage exakt beantworten zu können: Eine halbe oder eine dreiviertel Stunde »quality-time« täglich müssten (berufstätige) Eltern ihren Kindern schon widmen. Das Dumme ist nur: Die Zuwendung, die Kinder brauchen, und die Zeit, die Eltern dafür benötigen, lassen sich nicht planen wie ein Geschäftstermin. Meist brauchen kleine Kinder mehr als große, kranke mehr als gesunde, traurige mehr als glückliche, sensible mehr als robuste. Das lässt sich nicht bestimmen, weder von Managern noch von anderen Eltern – auch wenn die Versuchung groß ist, sich mit anderen Müttern und Vätern zu vergleichen.

Außerdem ist nicht die Zeitmenge für das Erleben des Kindes ausschlaggebend, sondern die Qualität der Zuwendung. Erinnern Sie sich an die »Edelsteinmomente«. Fragen Sie sich immer wieder: »Wirkt mein Kind zufrieden und glücklich?« Fragen Sie auch Ihr Kind selbst und beobachten Sie seine Signale – und nehmen Sie diese ernst!

Überlegen Sie einmal:
Wie haben Sie als Kind Zuwendung erlebt?

Welche Ereignisse aus Ihrer eigenen Kindheit sind Ihnen als Augenblicke besonders intensiver Zuwendung bis heute im Gedächtnis geblieben?

Wie verhielten sich die anderen Personen in diesen Situationen?

Oder: Wie würde für Sie eine Traumsituation intensiver Zuwendung aussehen?

Die »IRIS-Strategie« bei übermäßiger Aufmerksamkeit

Zurück zu Frau Ruhland und den anderen Eltern, deren Kinder übermäßige Aufmerksamkeit fordern: Wie können die Eltern damit umgehen? Wie würde es aussehen, wenn sie in dieser Situation die »IRIS-Strategie« anwenden?

Innehalten
Sowie Sie bemerken, dass Sie genervt oder frustriert sind, sagen Sie innerlich: Stopp! Denken Sie z.B. an eine schöne Situation, um nicht mit Strafpredigten oder Drohungen zu reagieren.

Respektieren
Versuchen Sie zu verstehen: Rufen Sie sich kurz die Motive Ihres Kindes ins Gedächtnis. Sie brauchen dazu keine intensive Ursachenforschung zu betreiben. Sie wissen ja: Ihr Kind will Sie nicht ärgern, indem es übermäßige Aufmerksamkeit fordert, sondern es stört, weil es befürchtet, für Sie keine Rolle zu spielen. Es möchte dazugehören und beteiligt werden.

Ignorieren
Um Ihr Kind nicht für sein Verhalten zu belohnen, gehen Sie so wenig wie möglich darauf ein. Statt es darauf anzusprechen, setzen Sie Ihre eigene Tätigkeit fort. Das fällt Ihnen nun leichter, weil Sie ja wissen: Mit erzwungener Zuwendung ist meinem Kind nicht geholfen. Würden Sie jedoch das Verhalten Ihres Kindes einfach nur ignorieren, würde sich Ihr Kind entweder resigniert zurückziehen oder es würde immer heftiger agieren. Beide Lösungen sind nicht wünschenswert, daher ist es wichtig, dass Sie sofort etwas tun.

Selbst handeln
Ihr Kind will beachtet werden und dazugehören. Es braucht Gewissheit, dass Sie es mögen. Diese Gewissheit verschaffen Sie ihm hier und jetzt am besten, indem Sie etwas tun. Das muss keine große Aktion sein, eine liebevolle Berührung oder ein Zulächeln genügt oft schon. Mit solchen Signalen können Sie Ihr Kind auch ohne Worte Ihre Liebe spüren lassen.

(1) Für die Sofortreaktion bieten sich je nach Alter des Kindes unterschiedliche Signale an. Ein Zweijähriges könnten Eltern zum Beispiel streicheln oder auf den Schoß nehmen, während sie mit ihrer Beschäftigung fortfahren. Einem älteren Kind, das die körperliche Nähe und Zuwendung vielleicht als »babyhaft« ablehnt, könnten sie zuzwinkern, eine konkrete Zeit in Aussicht stellen, in der sie sich ihm dann ganz widmen, oder es konstruktiv in die eigene Beschäftigung einbinden. Wichtig ist auf jeden Fall, dass die Eltern dabei freundlich bleiben, aber fest zu ihren eigenen Bedürfnissen stehen.

(2) Im alltäglichen Umgang mit Ihrem Kind können Sie seine möglicherweise »angeknackste« Überzeugung, dass es

für Mutter und Vater ganz besonders wichtig ist, durch den gezielten Einsatz von »Edelsteinmomenten« festigen. Haben Sie mehrere Kinder, können Sie diesem einen Kind auch eine Extrazeit (»Special time«) schenken. Oder Sie versuchen, Ihr Kind immer wieder in die alltäglichen Abläufe oder Überlegungen mit einzubeziehen.

Überlegen Sie mal: Wie gehen Sie damit um, wenn Sie sich durch das Verhalten Ihres Kindes gestört fühlen?

Denken Sie an eine Situationen, in der Sie sich von Ihrem Kind gestört fühlten. Was machen Sie gerade?

Wie verhält sich Ihr Kind?

Mit welchen Verhaltensweisen könnten Sie beispielsweise auf Ihr Kind eingehen, ohne Ihre Beschäftigung zu unterbrechen?

Lassen Sie sich nicht entmutigen, wenn eine Idee oder ein Vorschlag, wie Sie auf das Verhalten Ihres Kindes reagieren könnten, die erwünschte Wirkung verfehlt. Jedes Kind ist anders, und jede Mutter und jeder Vater ist anders. Bestimmte Signale der Wertschätzung, die das eine Kind trösten und beruhigen, kommen möglicherweise bei einem anderen überhaupt nicht an. Außerdem ist jede Situation anders, und die momentane Befindlichkeit spielt auch eine große Rolle. Deshalb kann es keine Patentlösungen geben. Wichtig ist vor allem, dass Sie als Eltern einen Vorschlag gut finden. Denn Sie sind die Experten Nr. 1 für Ihr Kind und können am ehesten beurteilen, was ihm wirklich gut tut. Und wenn Sie selbst nur mit halbem Herzen handeln, wird Ihr Kind das spüren und möglicherweise austesten, was es davon halten soll, sprich: Es wird weiter stören.

Als ihre Freundin sie einige Wochen später erneut anruft, reagiert Frau Ruhland auf Inas Störversuche anders. Sie legt sanft den Arm um sie und spricht dabei weiter mit ihrer Freundin. Zwischendurch zwinkert sie ihrer Tochter kurz zu. Ina fühlt sich dadurch ernst- und angenommen. Nach einiger Zeit tippelt sie wieder zu ihren Spielsachen und spielt weiter mit ihrer Puppe.

3.2 Signal »Macht«

Wenn ein Machtkampf entbrennt

Um selbst pünktlich ins Büro zu kommen, muss Herr Naumann morgens einen engen Zeitplan einhalten und seinen Sohn Manuel um 8 Uhr in den Kindergarten bringen. Aber Manuel spielt nicht mit. Obwohl er sich längst selbstständig anziehen kann, trödelt er jeden Morgen endlos herum. Vater und Sohn schreien sich an, schimpfen und streiten, bis er ihn wütend und unter Zeitdruck selbst anzieht. Hektisch und verärgert verlassen beide schließlich das Haus.

Herr Naumann fühlt sich durch Manuels Widerstand provoziert. Eigentlich will er seinem Sohn zeigen, dass er »Herr im Haus« ist. Doch am Ende lässt er sich immer wieder von ihm zwingen, ihn selbst anzuziehen, weil er nicht zu spät kommen will. Er spürt, dass sein Sohn Macht ausübt und der Boss sein will, und hat das Gefühl, immer zu verlieren.

Überlegen Sie einmal: Welche Machtkämpfe haben Sie als Kind inszeniert?

Erinnern Sie sich an Machtkämpfe, in die Sie als Kind Ihre Mutter oder Ihren Vater verstrickt haben? Worum ging es?

Wie haben Ihre Eltern reagiert?

Was haben Sie damals empfunden?

Wie hätten Sie sich das Verhalten Ihrer Eltern gewünscht?

Traten diese Machtkämpfe in typischen Situationen immer wieder auf?

Machtkämpfe können eine unterschiedliche Qualität haben. Kleine Kinder z. B. entwickeln in der Autonomiephase, in der »nein« ein Lieblingswort ist, ihre Selbstständigkeit. Hier haben Machtkämpfe einen defensiven Charakter – auch wenn ihre Eltern das oft anders empfinden. Die Kleinen wollen ihren eben entdeckten eigenen Willen verteidigen. Je stärker der Wille eines Kindes ist, desto härter mögen die Auseinandersetzungen mit zunehmendem Alter werden. Die versteckte Botschaft dahinter mag lauten: »Trau mir zu, dass ich aus freien Stücken richtig handle. Gib mir mehr Möglichkeiten zur Selbst- und Mitbestimmung«, bis hin zu der Überzeugung: »Ich zähle nur, wenn ich dir zeigen kann, dass du nicht über mich bestimmen kannst.« Wieder einen anderen Charakter haben Machtkämpfe, wenn Kinder glauben: »Ich zähle nur, wenn ich Macht über andere ausüben kann, wenn ich bestimme und die anderen tun, was ich sage.« Mutter oder Vater fühlen sich durch den Widerstand ihres Kindes meist provoziert und herausgefordert. Ihre spontane Reaktion ist: »Ich werde dich schon dazu bringen, das zu tun, was ich möchte. Damit kommst du bei mir nicht durch.« Doch ganz gleich, ob Mutter oder Vater nun in den Machtkampf einsteigen und sich mit allen Mitteln durchsetzen, oder ob sie nachgeben – so oder so bestätigen sie nur die irrige Annahme ihrer Kinder: »Nur der zählt, der Macht besitzt. Drum kommt es darauf an, die Macht zu haben.« Der nächste Machtkampf lässt dann auch nicht lange auf sich warten.

Dies ist so, weil es hier um das Thema der Selbstbestimmung geht, aber auch um das der Mitbestimmung. Daher ist es hilfreich, das Miteinander näher in den Blick zu nehmen und der Frage nachzugehen, wie die Macht verteilt ist.

Exkurs: Wie ist die Macht bei Ihnen verteilt?

In jeder Familie stehen tagtäglich Entscheidungen an: Welche Sachen kann Lukas heute anziehen? Was essen wir heute? Darf Lukas seine Freunde aus dem Kindergarten mitbringen?

Spielen wir vor dem Schlafengehen eine Runde »Memory« oder soll Papa vorlesen? Was unternehmen wir am Wochenende – Schwimmbad oder Fahrradtour? Soll Lukas zum Geburtstag schon ein Fahrrad bekommen? Schaffen wir lieber ein gebrauchtes als ein neues Auto an? Welche Schule soll Lukas vom Sommer an besuchen? Wohin fahren wir in den Urlaub? Und so weiter.

Je nachdem, welchen Einfluss die einzelnen Familienmitglieder auf diese Entscheidungen haben, verteilen sich auch die Stücke des »Machtkuchens« in der Familie.

Überlegen Sie einmal: Wer hat zu Hause das Sagen?

Zeichnen Sie in einen Kreis den »Machtkuchen« für Ihre Familie. Markieren Sie dabei die unterschiedlichen Anteile der einzelnen Familienmitglieder durch »Tortenstücke« in verschiedenen Farben. Vielleicht fällt Ihnen das leichter, wenn Sie den Kreis vorher in wichtige Bereiche wie »Geld«, »Freizeit«, »Urlaub«, »Ernährung«, »Familienregeln« »Wohnungsgestaltung« etc. unterteilen. Wer bestimmt maßgeblich, wo es langgeht?

Wie wirkt das Ergebnis auf Sie?

Sie können diese Frage auch mit Ihrem Partner gemeinsam beantworten. Zeichnen Sie beide dazu jeweils Ihren eigenen »Machtkuchen«. Stimmen Ihre Wahrnehmungen über die »Machtverteilung« in Ihrer Familie überein? In welchen Bereichen nicht?

Gefällt Ihnen beiden der »Machtkuchen« so, wie er ist?

Was meinen Sie: Warum hat er sich so entwickelt? Welchen Nutzen haben die Beteiligten (auch die mit kleinen Stücken!) daraus gezogen?

Was möchten Sie (beide) gerne ändern?

Die Machtverteilung in der Familie hat einen entscheidenden Einfluss auf die Entwicklung der Kinder. Wenn die Macht in der Familie allein bei den Eltern liegt, die Kinder also in einer Beziehung aufwachsen, in der die Eltern grundsätzlich bestimmen, dann können:

- Spannungen zwischen Eltern und Kindern entstehen, weil das Grundbedürfnis der Kinder nach Selbst- und Mitbestimmung nicht erfüllt wird,
- Kinder die Überzeugung gewinnen, dass nur der Stärkere »Recht« hat,
- Kinder sich daran gewöhnen, sich in Auseinandersetzungen mit anderen machthungrig durchzusetzen.

  Wenn die Macht vor allem bei den Kindern liegt, weil die Eltern ihnen ständig nachgeben, dann können:
- die Kinder sich an eine Freiheit ohne Regeln gewöhnen,
- sie ihr Selbstbewusstsein verlieren, weil sich die Eltern mit ihnen nicht auseinandersetzen,
- sie den Respekt vor ihren Eltern verlieren.

Am besten versuchen Eltern deshalb, flexibel mit der Macht in der Familie umzugehen. Das heißt: Sie bestehen auf der Einhaltung bestimmter Grenzen, lassen ihren Kindern aber gleichzeitig Raum, sich auf ihre Weise einzubringen. Vor diesem Hintergrund können Auseinandersetzungen um mehr oder weniger »Macht« sehr fruchtbar sein. Solche Konflikte treten in Familien zwangsläufig auf. Das hängt damit zusammen, dass Kinder älter werden und sich dabei an früher gesetzten Grenzen reiben. An solchen Auseinandersetzungen können Kinder wachsen und reifen, sie brauchen sie geradezu – aber keine destruktiven Machtkämpfe, die eskalieren. Je früher es Ihnen gelingt, aus derartigen Eskalationen auszusteigen, desto besser.

Die »IRIS-Strategie« bei Machtfragen

Kommt es zu »Machtkämpfen« mit Ihrem Kind, können Sie so vorgehen:

Innehalten
Sowie Sie bemerken, dass Sie wütend werden, sagen Sie zu sich selbst: Stopp! Lassen Sie sich nicht in einen Machtkampf hineinziehen. Vermeiden Sie Drohungen oder andere Demonstrationen Ihrer Macht. Nehmen Sie ganz bewusst »die Segel aus dem Wind«.

Das ist der erste Schritt zur Lösung. Denn zu einem Machtkampf gehören immer zwei. Der Rückzug kann in einem kurzen Moment des Innehaltens und Durchatmens bestehen. Sie können sich aber auch länger »abkühlen«, indem Sie sich zum Beispiel in ein anderes Zimmer zurückziehen (s. S. 110 f.).

Respektieren
Versuchen Sie zu verstehen: Ihr Kind handelt so, weil es glaubt, dass es anders keine Chance bekommt, seinem Willen Gehör zu verschaffen oder sich auf seine Art einzubringen. Vielleicht will es grundsätzlich mehr Selbstbestimmung und Mitsprache. Möglicherweise will es aber auch nur Grenzen austesten und Sie als ein starkes Gegenüber erleben.

Ignorieren
Verzichten Sie darauf, das Verhalten Ihres Kindes zu kommentieren.

Selbst handeln (1)
Versuchen Sie selbst die Initiative zu ergreifen. Je nach Situation bieten sich dazu eine ganze Reihe weiterführender, auch überraschender Möglichkeiten an, insbesondere dann, wenn es sich lediglich um Kabbeleien oder kleine »Machtspielchen« handelt.

Zeigen Sie Ihrem Kind, wie es richtig »nein!« sagen kann.

Die Mutter muss einen kurzen Einkauf erledigen und fragt ihren 12-jährigen Sohn Ben, ob er in dieser Zeit auf die 2-jährige Isabelle aufpassen kann. »Nein, lass mich in Ruhe«, schreit dieser sie an. »Oh«, meint die Mutter, »da hab' ich aber in ein Wespennest gestochen. Du, wenn du nicht willst oder jetzt nicht kannst, sag meinetwegen ›nein‹, nur bitte in einem ruhigen Ton, o.k.?«

Es gibt sehr viele Tonarten, in denen wir »nein« sagen können: zögernd, unsicher, verängstigt, schüchtern, provozierend, wütend, aggressiv, gehässig. Und viele Machtkämpfe entwickeln sich vor allem deshalb, weil Eltern der Ton nicht gefällt, in dem Kinder ihr Nein artikulieren. Zeigen Sie Ihrem Kind, wie es klar seine Position benennen kann, und dies auf respektvolle und akzeptable Art und Weise. Machen Sie ihm deutlich, dass es grundsätzlich nein sagen darf und es mit dieser seiner Meinung ernst genommen wird.

Kinder müssen das Neinsagen lernen – und sie müssen erfahren, dass ihr Nein respektiert und auch akzeptiert wird. Denn so wollen Sie ja auch, dass Ihre Kinder in den richtigen Momenten nein sagen können: zu Drogen und anderen Suchtmitteln, zu erzwungenem Sex, zu Gewalt.

Fragen Sie (wie im Beispiel oben) Ihr Kind also nur, wenn Sie auch ein Nein zulassen und stehen lassen können. Mutter und Vater sind da als Vorbilder gefordert. Wer ein Nein eines

Anderen respektiert, vergrößert damit in der Regel auch dessen Bereitschaft, gemeinsam nach einem Kompromiss oder einer Alternative zu suchen. Können Sie ein Nein nicht akzeptieren, formulieren Sie Ihr Anliegen gleich als eine klare Anweisung und begründen Sie dies gegebenenfalls.

Machen Sie ein Spiel daraus

Sarah will sich nicht die Zähne putzen. »Wer von uns kann beim Zähneschrubben mehr Schaum machen?«, fordert ihre Mutter sie heraus.

Vor allem bei kleinen Kindern haben Mütter und Väter oft Erfolg, wenn sie den drohenden Machtkampf in ein Spiel verwandeln. Neben Wettspielen wie bei Sarahs Zahnputzstreik eignen sich dazu oft Geschichten, in denen Zwerge (= Kinder) sich gegen Zumutungen von Riesen (= Eltern) wie Schlafengehen, Haare waschen oder Aufräumen zur Wehr setzen. Und wenn Ihr Kind in Bezug auf den letzten Punkt beispielsweise alle Dinge bis auf drei wegräumen soll, die Sie dann erraten, hat das Aufräumen vielleicht sogar Spaß gemacht.

Tun Sie das Unerwartete

Der 7-jährige Tobias kommt aus der Schule. Die Mutter hört, wie er seine Schuhe unters Schuhregal kickt, die Jacke vor der Garderobe fallen lässt – und sie wartet schon auf das vertraute Plumpsen des Schulranzens auf den Boden. Jeden Tag dasselbe! Nur sie ist heute eine andere. Sie stülpt sich eine Papiertüte über den Kopf, rast mit lautem Gebrüll in den Eingangsbereich und sammelt als Müllmonster den Unrat ein. Wer weiß, vielleicht lässt sie ja mit sich verhandeln und rückt den Müll noch mal heraus?!

Unerwartete Reaktionen sind eine probate Methode in Auseinandersetzungen mit kleinen Kindern. Machtkämpfe laufen meist nach einem immer gleichen Schema ab. Die Kinder kennen das und bauen oft sogar darauf, dass Eltern genau so reagieren, wie sie es erwarten. Umso überraschter sind sie,

wenn die Eltern unerwartet aus ihrer Rolle ausbrechen – den Clown spielen, einen Wutausbruch à la Donald Duck hinlegen oder den Machtkampf singenderweise in eine Opernszene verwandeln. Je lustiger, verrückter, kurioser, desto besser.

Benutzen Sie Geheimcodes

Wieder einmal scheinen die Weichen auf Sturm gestellt. Mit zunehmender Wut im Bauch stehen sich Frau Morser und Tobias, ihr 9-jähriger Sohn, gegenüber. Ein Wort gibt das andere, dabei sollte Tobias nur seine Sportsachen wegräumen. Doch dann entwickelt sich die Situation anders als sonst. Frau Morser gibt das Geheimzeichen: Sie überkreuzt Zeige- und Mittelfinger der rechten Hand. Beide hatten dies zuvor als Zeichen vereinbart, mit dem jeder signalisieren kann, dass er das Eskalieren eines Streites spürt, aus dem er aussteigen möchte. Beiden gelingt es auch diesmal: Wie vereinbart schweigen sie kurz, um dann einander ruhig mitzuteilen, worum es ihnen jeweils geht.

Kinder lieben Geheimnisse. Eltern, die sich mit ihrem Nachwuchs immer wieder in ähnliche Machtkämpfe verstricken, können diese Vorliebe nutzen und mit ihrem Kind ein Signal vereinbaren, das sie immer dann senden, wenn sie denken: »Oh je, jetzt geht schon wieder der Kampf um XY los.« Als Code eignen sich zum Beispiel übertrieben verzweifelte Gesten, imitierte Sirenen oder ähnliches – es darf dabei ruhig gelacht werden.

Oft werden Machtkämpfe durch solche Codes überflüssig oder sie entwickeln sich anders – weil sie dem anderen zeigen: Ich möchte mich nicht mit dir fetzen. Lass uns versuchen, in Ruhe eine Lösung zu finden. Dafür sind wir beide gemeinsam verantwortlich.

Führen Sie Ihr Kind liebevoll

Eigentlich sollte Fynn zuerst den Müll in den Keller bringen und danach erst mit seinem Bruder am Computer die Einladungen für seine Geburtstagsparty schreiben. Jetzt sitzen die beiden schon seit 20 Minuten vor dem Monitor. Fynns Mutter geht zu ihm und streichelt ihm über den Rücken, bis Fynn von sich aus aufsteht und zum Mülleimer geht.

Diese Methode eignet sich besonders gut, wenn Kinder eine Vereinbarung mit den Eltern »vergessen« haben. Wiederholte Aufforderungen an das Kind, endlich seine Pflichten zu erledigen, führen dann oft zu einem Machtkampf. Um den zu vermeiden, können Sie es mit »liebevoller Führung« versuchen. Schauen Sie Ihrem Kind freundlich in die Augen und streichen Sie ihm vielleicht zusätzlich sacht über den Arm oder Rücken, bis es sich entscheidet, die verabredete Aufgabe zu erledigen. Am besten tun Sie das wortlos. Nur wenn Sie es nicht mehr aushalten oder das Gefühl haben, Ihr Kind habe die abgesprochene Aufgabe vergessen, können sie noch einmal mit einem kurzen Stichwort (»der Müll!«) daran erinnern – aber möglichst nicht vorwurfsvoll, sondern ruhig und freundlich.

Zeigen Sie den Entscheidungsspielraum auf – mit Blick auf mögliche Folgen

Es ist Zeit für Frederik (4), ins Bett zu gehen. Sein Vater weist auf die Uhrzeit hin und bittet ihn, ins Bad zu gehen. Doch auch, als sein Vater die Bitte wiederholt, weigert sich Frederik: »Nein, ich geh' nicht!« Der Vater erklärt: »Frederik, es ist Zeit hochzugehen. Du kannst entscheiden: Gehst du selbst, oder soll ich dich nach oben tragen?«

Als Frederik keine Anstalten macht, hochzugehen, erklärt der Vater: »Okay, du hast dich für das Tragen entschieden.« Er nimmt seinen Sohn auf den Arm und geht mit ihm die Treppe hinauf...

Schon nach wenigen Schritten fängt Frederik an zu zappeln und ruft: »Selbst laufen!« Der Vater lässt ihn runter, gemeinsam gehen sie die Treppe hinauf.

Manchmal bleibt Eltern keine andere Wahl: Sie können ihrem Kind keinen Handlungsspielraum lassen. Sie können ihm aber zumindest noch die Entscheidungsfreiheit lassen, sein Verhalten zu ändern oder bewusst die Konsequenzen zu tragen. Welche Kriterien diese Konsequenzen erfüllen müssen und wie Sie sie anwenden können, erfahren Sie ab S. 95. Wichtig dabei ist, dass Sie Ihrem Kind die Folgen seines Verhaltens respektvoll aufzeigen, ohne zu schimpfen oder zu drohen, und dann freundlich, aber fest handeln. Umso eher wird Ihr Kind die Konsequenzen nicht als Ausdruck elterlicher Machtwillkür verstehen, sondern sie im Zusammenhang mit seiner eigenen Entscheidung sehen können.

Übrigens entscheiden sich Kinder (wie hier im Beispiel) oft, doch zu »kooperieren«, sobald sie erkennen, dass die Eltern es ernst meinen und ihre Ankündigungen wahr machen. Die Kinder folgen damit ihrem Grundbedürfnis, lieber selbst zu handeln und sich dadurch kompetent zu fühlen.

Bieten Sie begrenzte Wahlmöglichkeiten an

An jedem Nachmittag schaut Katharina sich eine halbstündige Sendung im Fernsehen an. Diesmal möchte sie noch eine zweite Sendung vorher sehen und fordert dies mit Nachdruck. Ihre Mutter respektiert den Wunsch, besteht aber auf der Vereinbarung: täglich höchstens eine halbe Stunde fernsehen. Die Mutter lässt Katharina deshalb die Wahl: die eine Sendung oder die andere oder von beiden einen Teil.

Erfahrungsgemäß gehen vor allem kleinere Kinder oft bereitwillig darauf ein, wenn Eltern ihnen Alternativen anbieten und ihnen die Freiheit lassen, sich für die eine oder die andere Möglichkeit zu entscheiden. Zwei Alternativen reichen dabei in der Regel aus. Mehr würden den Entscheidungsprozess für kleine Kinder zu sehr erschweren. Für die Eltern müssen allerdings beide Möglichkeiten akzeptabel sein.

Lassen Sie Ihr Kind mitbestimmen

Die Familie erwartet Besuch, die Mutter bereitet unter Hochdruck das Essen vor. Ihre Bitte, ihr zu helfen und beim Bäcker schnell ein Pfund Kaffee zu besorgen, lehnt Tim jedoch ab: »Nein, dazu habe ich keine Lust.« Statt darüber zu schimpfen oder zu versuchen, Tim durch Androhung von Strafen zu zwingen, respektiert die Mutter seine Absage, schildert ihm ihre Not und fragt ihn, ob er lieber eine andere Aufgabe wie Staubsaugen oder Tischdecken übernehmen möchte. Sie appelliert damit an Tims Einsicht, dass jeder seinen Teil zu einem gelungenen Familienleben beitragen muss, lässt ihm aber die Wahl, seinen Beitrag selbst zu bestimmen.

Im Alltag bieten sich Müttern und Vätern unendlich viele Möglichkeiten, ihre Kinder in Entscheidungen einzubeziehen oder sie um ihren Rat zu fragen. Wenn sie spüren, dass ihr Urteil und ihre Meinung den Eltern wichtig sind und sogar deren Entscheidung beeinflussen, merken sie, wie wichtig sie für ihre Eltern sind. Warum sollten Sie Ihr Kind also nicht nach seiner Meinung fragen, wenn Sie sich bei der Farbe Ihres neuen Autos, Pullovers oder Teppichs nicht entscheiden können oder zwischen verschiedenen Modellen schwanken? Dem Selbstbewusstsein eines 5-Jährigen tut es ungemein gut, wenn er die Farbe des zukünftigen Autos bestimmen darf – und es erspart ihm bei anderen Gelegenheiten den Zwang, Machtkämpfe zu inszenieren. Es lohnt sich also, wenn Sie nach solchen Chancen bewusst Ausschau halten.

Lassen Sie Ihre eigene Position los

»Und was ist mit deinen Hausaufgaben?«, will die Mutter wissen. »Wir haben doch vereinbart, dass die zuerst fertig sein müssen.« »Die mache ich nachher«, versichert Martin. »Die anderen riefen gerade an, dass sie jetzt schon ins Schwimmbad gehen. Nachher wären sie dann nicht mehr da.« »Okay«, lenkt seine Mutter ein.

Viele Machtkämpfe entwickeln sich, weil Eltern eine ganz genaue Vorstellung davon haben, wie etwas zu sein oder ihr Kind sich zu verhalten hat. Aber ist das wirklich immer der einzig richtige Weg? Die Gefahr ist, dass Eltern sich darüber

immer wieder in Machtkämpfe mit ihrem Kind verstricken und sich die Fronten verhärten. Deshalb lohnt es sich, einmal zu überlegen, woran das liegt. Ist wirklich jeder Kampf so wichtig, den ich mit meinem Kind führe? Muss ich diesen Kampf jetzt führen, oder kann ich auch einmal meine Position loslassen? Was passiert, wenn nicht genau das eintritt, was ich mir gerade vorstelle? Was verliere ich, wenn ich meinem Kind zugestehe, sich anders zu verhalten?

Das bedeutet natürlich nicht, dass Sie bei jedem Konflikt die eigene Position loslassen und so jeder unbequemen Auseinandersetzung mit Ihrem Kind aus dem Weg gehen sollen. Die Überlegungen helfen Ihnen zu unterscheiden: Wo geht es wirklich um etwas Wichtiges, auf dessen Einhaltung ich unbedingt bestehen muss? Und wo kann ich meinem Kind (ausnahmsweise) Freiräume zubilligen? Reduzieren sich die Auseinandersetzungen auf die wesentlichen Punkte, schärft das bei Ihrem Kind zudem den Blick für das, worauf es wirklich ankommt.

Schaffen Sie eine Win-win-Situation

Bei Familie Laumik werden hin und wieder während der Mahlzeiten Musik-CDs aufgelegt. Als der Vater kurz vor dem Essen wieder einmal eine CD auflegen will, springt Carsten, 4 Jahre, auf und ruft: »Au ja, meine Musik! Hier die!« und hält ihm die CD mit den Tierliedern unter die Nase. »Nein, Carsten, jetzt habe ich gerade diese eingelegt, die mir gefällt«, antwortet Herr Laumik. »Nein, nicht deine. Ich will meine Musik hören«, schreit ihn sein Sohn an. Herr Laumik macht folgenden Kompromiss-Vorschlag: »Na, wir können es ja so machen: erst spielen wir drei Lieder von meiner, und dann drei von deiner CD. O.k., Carsten?« »Ja!« Beide setzen sich zufrieden zu Tisch.

Eltern sind nicht die alleinigen »Bestimmer« in den Familien. Damit das Zusammenleben gelingt und sich nicht in einem ständigen Hickhack verschleißt, müssen alle Beteiligten zu ihrem Recht kommen, auch die Kinder. Ob das der Fall ist, wissen die Kinder selbst am besten. Das heißt, sie müssen bei der Suche nach den »richtigen« Lösungen beteiligt sein.

Jeder gewinnt gern. Und es tut gut, das machen zu können, was man möchte. Aber in einer Gemeinschaft ist das nicht immer möglich. Stattdessen müssen alle lernen, so miteinander zu verhandeln, dass die Lösung nicht auf Kosten eines anderen geht. Die Ökonomen nennen das »Win-win-Situationen schaffen«. Dabei müssen einerseits die eigenen Interessen klar vertreten werden. Gleichzeitig müssen die Interessen der anderen als gleichwertig und gleich wichtig respektiert werden. Um zu einer Lösung oder zu einem Kompromiss zu kommen, müssen sich beide Seiten von ihrem Standpunkt weg und aufeinander zu bewegen. Dies kann in einer Situation ad hoc geschehen oder bei grundlegenden Fragen mithilfe einer Konfliktlösestrategie (ab S. 110 ff.), die sich Schritt für Schritt einer Einigung nähert.

Überlegen Sie einmal: Wie lösen Sie Machtkämpfe?

Welche typischen Machtkämpfe mit Ihrem Kind erleben Sie des Öfteren?

Welche Lösungsmöglichkeiten haben Sie dabei in der Situation selbst ausprobiert?

Wie hat Ihr Kind darauf reagiert?

Welche anderen Vorschläge würden Sie gerne einmal ausprobieren?

Selbst handeln (2)

Indem Sie aus einem drohenden destruktiven Machtkampf ausgestiegen sind, haben Sie eine explosive Situation entschärft und eine Eskalation verhindert. Liegt der Auseinandersetzung jedoch ein zentraler Konflikt zu Grunde, bleibt dieser vorerst ungelöst. Vor allem wenn ein Kind seine Eltern immer wieder zu Machtkämpfen herausfordert, muss ein zweiter Schritt folgen. Dabei geht es um eine nachhaltige »Antwort im Alltag«. Es ist zu schauen, inwieweit dem Bedürfnis des Kindes nach mehr Selbstbestimmung und Mitsprache im Alltag entsprochen werden und dieser grundlegende Konflikt gemeinsam gelöst werden kann.

Erfolgreiche Win-win-Verhandlungen scheitern oft nicht nur an der momentanen Erregung, sondern auch am (Zeit-) Druck, unter dem Eltern und Kinder bei vielen typischen Machtkämpfen stehen. Abstand und Ruhe sind dafür aber unbedingt erforderlich. Deshalb ist es durchaus legitim, wenn Sie Ihr Kind vorläufig vertrösten:

»Ich habe den Eindruck, dir geht es hier um etwas Wichtiges und Grundsätzliches, das wir im Moment nicht lösen können. Ich würde gern mit dir darüber sprechen, wenn wir beide Zeit haben und auch wieder ruhig miteinander reden können. Bis dahin gelten die bisherigen Absprachen. Aber vielleicht können wir dann ja etwas Neues vereinbaren.«

Natürlich muss dieses Gespräch dann möglichst bald folgen, sonst sind weitere Machtkämpfe vorprogrammiert – und die Bereitschaft Ihres Kindes schwindet, im Vertrauen auf ein späteres Entgegenkommen noch einmal einzulenken.

Sie können Machtkämpfen auch dadurch vorbeugen, dass Sie

- Ihrem Kind möglichst oft und ganz konkret Wahlmöglichkeiten aufzeigen, die Sie ihm zugestehen können, und ihm dann die Entscheidung überlassen, wie es diese Möglichkeiten nutzt,
- Ihr Kind auf kommende Situationen vorbereiten und ihm damit Zeit geben, freiwillig zu handeln.

Herr Naumann hat sich entschlossen, beim Machtkampf nicht mehr mitzuspielen. Am nächsten Morgen verzichtet er darauf, Manuel zu ermahnen, zu schimpfen und selbst anzuziehen. Er erklärt ihm nur, wie der Morgen zeitlich abläuft und was genau seine Aufgaben sind. Er zeigt ihm auf der Uhr, wann es Zeit ist, das Haus zu verlassen, und verspricht ihm, ihn kurz vorher daran zu erinnern. Die Entscheidung, ob er sich bis zur Abfahrt anziehen oder so mitgehen möchte, wie er gerade ist, überlässt er ihm. Und obwohl es ihm schwer fällt: Als er sich trotz Erinnerung zur vereinbarten Zeit noch nicht angezogen hat, akzeptiert er seine Entscheidung und nimmt ihn konsequenterweise im Schlafanzug mit zum Kindergarten. Dort kann er sich, so spricht Herr Naumann es mit der Erzieherin ab, in einem Nebenraum umziehen, bevor er in seine Gruppe geht. Für den Abend nimmt er sich vor, noch einmal mit Manuel über die Folgen seiner Entscheidung zu sprechen und womöglich für den nächsten Tag neue Absprachen zu treffen.

3.3 Signal »Rache«

Wenn Verletzungen geschehen

Der 5-jährige Peter hat ein Geschwisterchen bekommen. Während Großeltern, Onkel und Tanten das Baby bestaunen und bewundern, verkriecht sich Peter in seinem Zimmer und reißt Seiten aus seinen Bilderbüchern. Als seine Mutter ihn nach einiger Zeit zum Kuchenessen holen will, sieht sie die zerfetzten Bücher: »Peter, bist du total verrückt geworden? Was soll denn das? Du bist doch alt genug, um zu wissen, dass man so etwas nicht macht.« Peter schreit zurück: »Lass mich in Ruhe, du blöde Kuh! Mit meinen Büchern kann ich machen, was ich will. Du hast mir gar nichts zu sagen.« Frau Beier, geschockt und verletzt, zerrt an Peters Arm: »Das sagst du nicht noch einmal zu mir! Für dich gibt es heute keinen Kuchen. Du bleibst in deinem Zimmer und hebst sofort die Seiten auf!« Peter brüllt zurück: »Hau ab zu deinem Baby. Du stinkst!«

Alle schauen nur auf das neue Baby, niemand zeigt Interesse für Peter: Diese Missachtung seiner Person will er den Eltern heimzahlen. Er versucht, ihnen weh zu tun, indem er seine Bücher zerstört, auf die seine Eltern offensichtlich großen Wert legen, und indem er seine Mutter beschimpft. Die Methode wirkt. Peters Mutter reagiert erschrocken und verletzt: »So schlimm benimmt sich mein Sohn? Wie wird das später noch werden, wenn er jetzt schon so provozierend mit mir umgeht?« Das kann sie auf keinen Fall zulassen. Aus der eigenen Verletzung heraus rächt sie sich nun ihrerseits.

Kinder zeigen ihr Bedürfnis nach »Rache« auf sehr unterschiedliche Arten. Die einen beleidigen ihre Eltern, andere lassen sich sogar zu körperlichen Attacken wie schlagen und treten hinreißen. Rachegefühle verstecken sich manchmal aber auch hinter weniger offensichtlichen Verhaltensweisen. Zum Beispiel, wenn Kinder die »Schätze« der Eltern beschädigen – die neue Digitalkamera, die sorgsam gepflegten Zimmerpflanzen oder wie Peter eigene Bücher und Spielsachen. Oder wenn Kinder plötzlich wieder in die Hose machen, obwohl sie »eigentlich« längst sauber sind.

Kinder, die das Signal »Rache« zeigen, kämpfen um die Beachtung ihrer Bedürfnisse. Sie fühlen sich unfair und ungerecht behandelt. Die Person, die das Racheverhalten abbekommt, muss dafür keineswegs auch der tiefere Grund sein! Es kann sein, dass sich die Kinder gerade dieser Person gegenüber trauen, ihre Verletzungen zu zeigen, weil sie sich von ihr geachtet und bei ihr sicher und geborgen fühlen.

Überlegen Sie einmal: Wohin führt die Rache?

Erinnern Sie sich an eine Situation, in der Sie sich an anderen rächen wollten, als Kind oder als Erwachsener. Welche Rachefantasien haben Sie entwickelt, welche tatsächlich umgesetzt?

Was war vorher passiert? Was hätten Sie sich stattdessen gewünscht?

In welchem Bedürfnis fühlten Sie sich damals verletzt?

Wie haben Ihre Eltern oder andere damals reagiert?

Wie endete die Auseinandersetzung? Welche Gefühle hinterließ sie bei Ihnen?

Wenn Sie sich von Ihrem Kind in einen gegenseitigen Rachefeldzug verstricken lassen, bestätigen Sie Ihr Kind in seiner irrigen Annahme: »Nur auf diese Weise kann ich mir – wenigstens in negativer Form – Aufmerksamkeit und Achtung verschaffen.«

Versuchen Sie stattdessen, nicht aus der eigenen Verletzung heraus zu handeln, um sich nicht in eine unüberlegte Eskalation hineinziehen zu lassen. Setzen Sie stattdessen dem inakzeptablen Verhalten Grenzen, und zeigen Sie Ihrem Kind gleichzeitig, dass Sie es lieben. Kinder mit Rachegelüsten brauchen ein Gegenüber, das sich selbst ernst nimmt, aber auch Verständnis zeigt für ihre Gefühle und Bedürfnisse.

Die »IRIS-Strategie« bei Rache

Wenn Ihr Kind Sie oder andere durch sein Verhalten verletzt, können Sie wie folgt vorgehen:

Innehalten
Sowie Sie bemerken, dass Sie wütend oder gekränkt sind, sagen Sie sich selbst: Stopp! Kränken oder bestrafen Sie Ihr Kind nicht. Ziehen Sie sich, wenn nötig und möglich, im Sinne einer Deeskalation zunächst zurück.

Respektieren
Respektieren Sie Ihr Kind und versuchen Sie, es zu verstehen! Es handelt so, weil es sich selbst unfair behandelt oder bloßgestellt fühlt.

Ignorieren
Weisen Sie das beleidigende oder aggressive Verhalten Ihres Kindes so knapp wie möglich zurück, indem Sie ihm Ihre Grenze aufzeigen: »Das verletzt mich. Ich möchte nicht, dass du so mit mir redest.« Oder: »Wenn du so mit mir sprichst, kann ich dir nicht zuhören!« Oder einfach: »Das trifft mich. Ich möchte das nicht.« Je nach Situation können Sie die Verletzung auch »spielerisch« undramatisch zurückweisen: »Gut, dass ich das nicht gehört habe!«

Selbst handeln
(1) Wenden Sie sich Ihrem Kind so bald wie möglich wieder verständnisvoll und wertschätzend zu. Ihr Kind fühlt sich selbst verletzt und braucht die Gewissheit, dass seine Gefühle ernst genommen werden. Versuchen Sie herauszufinden, warum Ihr Kind so gekränkt reagiert.

(2) Wie Ihre »Antwort im Alltag« aussehen könnte, hängt ganz von den konkreten Auslösern für die Rachebedürfnisse Ihres Kindes ab. Ermutigen Sie es auf jeden Fall, seinen Ärger auszudrücken, wenn es sich verletzt fühlt – auf eine akzeptable Weise. Vielleicht können Sie auch ein »geheimes« Zeichen mit ihm vereinbaren, mit dem es Ihnen signalisiert, wann es sich übergangen fühlt. Allein schon die Tatsache, dass Sie seine Gefühle derart ernst nehmen, wird aufkeimende Rachegelüste bremsen – selbst wenn es Ihnen schwer fällt, es »fair« zu behandeln, zum Beispiel wegen vordringlicher Bedürfnisse von kleineren oder kranken Geschwistern. Versuchen Sie in solchen Fällen aber, Ihrem Kind Ihr Verhalten zu erklären und sein Verständnis dafür zu wecken.

Vor allem wenn Sie sich öfter von Ihrem Kind zutiefst verletzt fühlen, sollten Sie außerdem über Ihren eigenen »Gefühlshaushalt« nachdenken. Woher kommt diese Verletzlichkeit? Was könnte Ihnen helfen, den Herausforderungen durch Ihr Kind gelassener zu begegnen? Damit verringern Sie die Gefahr, dass Sie dem spontanen Impuls nachgeben und Ihr Kind bestrafen – und damit die Situation noch weiter anheizen.

Überlegen Sie einmal: Wenn Ihr Kind Racheverhalten zeigt

Erinnern Sie sich an Situationen, in denen Sie sich durch das Verhalten Ihres Kindes verletzt fühlten. Was tat Ihr Kind?

Was war vorausgegangen? In welchen Bedürfnissen fühlte es sich möglicherweise verletzt?

Wie haben Sie reagiert? Mit welchem Ergebnis?

Waren Sie mit Ihrer Reaktion zufrieden?

Würden Sie sich heute anders verhalten, und wenn ja, wie?

Als Peter sie ein paar Tage später erneut beleidigt, versucht Frau Beier gelassen zu bleiben und auf die verletzten Gefühle hinter seinem Verhalten einzugehen: »Das sind starke Worte. Es klingt ganz so, als wärst du total wütend auf mich. Was ist denn los?« Sie spricht mit Peter über die Gefühle, die das neue Geschwisterchen und das Verhalten der Erwachsenen in ihm auslösen, und überlegt mit ihm gemeinsam, was er braucht, um seine Enttäuschung zu überwinden.

3.4 Signal: »Rückzug«

Wenn sich Entmutigung und Hoffnungslosigkeit breit machen

Der 6-jährige Tobias macht sich fertig für den Kindergarten. Er hat seine Schuhe angezogen und streckt seine Füße seiner Mutter hin, damit sie ihm die Schnürsenkel zubindet. »Aber Tobi, das kannst du doch jetzt schon allein«, wehrt Frau Lorenz ab. »Ich kann das nicht mehr«, antwortet Tobias leise. Er nimmt die beiden Enden der Schnürsenkel, dreht sie umeinander und lässt sie nach einigen vergeblichen Versuchen wieder los. »Siehst du, ich schaff's nicht.« Seine Mutter bemüht sich, ihn zu weiteren Versuchen zu bewegen, nimmt ihm schließlich aber doch die Schnürsenkel aus der Hand: »Na komm, dann mach' ich's eben schnell für dich.«

Eigentlich wäre Frau Lorenz froh, wenn sie Tobias nicht ständig helfen müsste – nicht nur beim Schuhe binden. Und doch gibt sie bereitwillig der Überzeugung des Kindes, es nicht zu können, nach. Denn sie empfindet die Notwendigkeit, ihn für jede kleinste Aufgabe neu zu motivieren, als »nervig«. Außerdem lässt sie sich von der Haltung ihres Kindes anstecken. Sie übernimmt – das ist die große Gefahr – zunehmend die Selbsteinschätzung ihres Kindes. Sie erwartet immer weniger von ihm (»Das schafft er ja sowieso nicht!«). Auch bemitleidet sie ihr Kind und nimmt ihm immer wieder kleine alltägliche Dinge ab: »Lass mal, ich mach' das schon.« Dadurch bestätigt sie aber wiederum dessen Meinung über sich selbst. Das ist ein sehr entmutigender Kreislauf! Wie aber kann sie sich verhalten?

Überlegen Sie einmal: Wenn Ihr Kind sich klein macht

Erinnern Sie sich an Situationen, in denen Ihr Kind Leistungen hilflos oder kraftlos verweigerte, die es eigentlich erbringen könnte?

In welcher Verfassung war Ihr Kind damals?

Welches Bedürfnis steckte möglicherweise hinter seiner Verweigerung? Wann hat es damit angefangen? Was hat sich damals verändert?

Wie haben Sie auf sein Verhalten reagiert?

Mit welchem Erfolg?

Die »IRIS-Strategie« bei Rückzug

Auch wenn Ihr Kind entmutigt aufgibt und sich zurückzieht, können Sie die »IRIS-Strategie« anwenden:

Innehalten
Sowie Sie bemerken, dass Sie sich hilflos fühlen und Ihre Bemühungen um Ihr Kind aufgeben wollen, sagen Sie sich selbst: Stopp!

Respektieren
Respektieren Sie Ihr Kind und versuchen Sie, es zu verstehen! Es tut nicht nur so, sondern es ist wirklich von seiner Unfähigkeit überzeugt oder es hat Angst vor Versagen.

Ignorieren
Gehen Sie so wenig wie möglich auf die scheinbare Hilflosigkeit Ihres Kindes ein. Lassen Sie sich nicht dazu verleiten, es zu bemitleiden. Zeigen Sie ihm nicht, dass Sie sich Sorgen machen. Damit würden Sie ihm nur bestätigen, dass Sie ihm wenig zutrauen.

Selbst handeln
(1) Lassen Sie sich nicht von berechtigten Anforderungen an

Ihr Kind abbringen. Trauen Sie ihm etwas zu und muten Sie ihm auch etwas zu. Versuchen Sie aber, anspruchsvolle Aufgaben in mehrere kleine Schritte zu zerlegen. Dann kann Ihr Kind schnelle, aber keine billigen Erfolge erzielen. Zeigen Sie ihm, wie es negative Selbstgespräche (»Das schaff' ich nicht!«) durch ermutigende ersetzen kann (»Ich probier's einfach noch mal«). Und unterstützen Sie Ihr Kind durch entsprechende Anerkennung: »Toll, dass du es versuchst und dranbleibst.«

(2) Versuchen Sie immer wieder, das Selbstvertrauen Ihres Kindes zu stärken. Finden Sie heraus, wofür es sich interessiert, und knüpfen Sie daran an. Vielleicht können seine Erzieherinnen im Kindergarten oder seine Lehrer etwas über die Vorlieben und Talente Ihres Kindes sagen. Seien Sie dann vor allem selbst von den Qualitäten Ihres Kindes überzeugt, nicht von einem Wunschbild ausgehend, sondern von dem, wie Ihr Kind ist. Ermutigen Sie es immer wieder, indem Sie ihm seine Stärken bewusst machen und ihm zeigen, wie sehr Sie es lieben. Gerade entmutigte Kinder brauchen dies. Im Kapitel 4 ab S. 84 finden Sie praktische Anregungen dazu.

Überlegen Sie einmal: Welche Stärken hat Ihr Kind?

Was tut es besonders gerne? Was kann es besonders gut?

Wie gehen Sie auf diese Eigenschaften ein?

Wo sieht Ihr Partner, wo sehen andere die Stärken Ihres Kindes?

Wann, glauben Sie, fühlt sich Ihr Kind ermutigt? Und wodurch?

Bei welchen Aufgaben fühlt sich Ihr Kind überfordert?

Könnten die Aufgaben in kleinere Schritte unterteilt werden?

Statt Tobias die Schuhe zu binden, setzt Frau Lorenz sich mit einem anderen Schuh neben ihn. Dann zeigt sie ihm die notwendigen Handgriffe. Sie stellt jeden Fortschritt ermutigend heraus: »Siehst du, heute hast du den Knoten schon ganz alleine gemacht. Toll!«

Das Wichtigste im Überblick

- Willkürliche Strafen verfehlen häufig ihr Ziel, weil sie die Motive für das »störende« Verhalten von Kindern nicht berücksichtigen und sie in dem Glauben bestärken, dass sie von den Eltern keine positive Zuwendung erwarten können.
- Kinder brauchen Verständnis. Es ist notwendig, dass Mutter und Vater in einem ersten Schritt die versteckten Botschaften hinter einem »störenden« Verhalten des Kindes erkennen und in einem zweiten Schritt förderlich darauf eingehen.

- Kinder können aus Konflikten nicht aussteigen. Das ist die Aufgabe der Eltern. Hier hilft die »IRIS-Strategie«.
- Mit der »IRIS-Strategie« können Eltern aus den Konflikten aussteigen: Innehalten, respektieren, ignorieren, selbst handeln.

Exkurs: Atempause – Ich gönne mir Zeit

Vergessen Sie mal für einen Augenblick Ihr Kind. Wie geht es Ihnen eigentlich selbst? Finden Sie im Alltag genügend Zeit, sich etwas Gutes zu tun? Ausreichend zu schlafen, sich Ihrem Partner zu widmen, spazieren zu gehen, Hobbys zu pflegen? Wenn Sie ein Auto wären: Wo stünde Ihre Tankanzeige gerade? Voll, halb voll oder schon auf Reserve? Wie weit ist Ihre nächste »Tankstelle« noch entfernt?

Wir möchten Sie ermutigen, nicht nur auf Ihr Kind, sondern auch gut auf sich selbst zu achten. Denn manche Reibereien im Erziehungsalltag entspringen nicht allein dem »störenden Verhalten« unserer Sprösslinge, sondern auch der Anspannung und Überforderung, unter der wir selbst stehen. Sie strapaziert unseren Geduldsfaden, verhindert, dass wir überlegt und angemessen reagieren, und lässt uns stattdessen schneller »überkochen«. Tun Sie sich also öfter mal was Gutes.

- Achten Sie in nächster Zeit einmal verstärkt auf Ihre Stimmlage und auf Ihre Körpersprache. Wo spüren Sie Anspannung, Stress, übermäßige Belastung? Versuchen Sie gerade in solchen Momenten, sich anders als gewohnt zu verhalten.
- Nehmen Sie sich Auszeiten, in denen Sie von den Kindern besondere Ruhe und Rücksicht erwarten. Gönnen Sie sich beispielsweise mittags eine halbe Stunde Ruhe oder spannen Sie Ihren Partner oder einen Babysitter ein, um sich hin und wieder »kinderfreie« Zeiten zu verschaffen.

- Hören Sie Ihre Lieblingsmusik.
- Richten Sie sich einen aufgeräumten, schönen Bereich her, wo Sie sich richtig wohlfühlen und der für die Kinder tabu ist.
- Planen Sie gezielt freie Zeiten und Aktivitäten mit Ihrem Partner und mit Freunden.
- Überprüfen Sie auch einmal Ihre Ansprüche an sich selbst in Sachen Erziehung. Nobody is perfect! Auch Sie müssen es nicht sein.
- Das gilt auch für die Umsetzung der Vorschläge von »Kess erziehen«. Lassen Sie sich Zeit und gehen Sie einen Schritt nach dem anderen! Überlegen Sie, welcher Vorschlag für Sie besonders nützlich sein könnte, und konzentrieren Sie sich zunächst darauf.
- Ein kleiner Schritt kann schon viel bewegen, das Miteinander verändern und das »Beziehungskonto« zwischen Ihnen und dem Kind auffüllen. Auf diesem Konto verbucht Ihr Kind gewissermaßen seine Erfahrungen mit Ihnen. Jedes Mal, wenn es seine sozialen Grundbedürfnisse erfüllt sieht, wirkt das wie eine Einzahlung auf der Habenseite. Ihr Guthaben auf dem Beziehungskonto steigt also. Fühlt sich Ihr Kind dagegen in seinen sozialen Grundbedürfnissen bedroht oder verletzt, dann führt dieses Erlebnis zu einer Abbuchung, und Ihr Guthaben schmilzt. Je größer das Plus ist, desto stabiler ist die Beziehung, und umso leichter verkraftet Ihr Kind ab und zu eine Abbuchung. Dann kann es auch ein Nein leichter hinnehmen und schneller akzeptieren. Und seien Sie getrost, wann immer Sie auf dieses Konto »einzahlen«, zum Beispiel in Form von »Edelsteinmomenten« – es bringt Zinsen!
- Beglückwünschen Sie sich auch für kleinste Wahrnehmungs- oder Verhaltensänderungen.
- Nehmen Sie Situationen, in denen Sie in alte Muster verfallen, mit Humor. Sie bringen Ihr Beziehungskonto nicht gleich ins Minus. Und sehen Sie's mal aus der umgekehrten Perspektive: Rückschritte unterlaufen Ihnen nur, wenn Sie vorher Fortschritte gemacht haben!

4 Sich selbst und das Kind ermutigen

Wie Eltern ihren Kindern Mut machen und ihr Selbstvertrauen aufbauen.

Ein Kind braucht Ermutigung
wie eine Pflanze das Wasser.
Rudolf Dreikurs

Wir Menschen brauchen Mut, damit wir uns etwas zutrauen, neue Schritte wagen und uns selbstsicher ins Leben stürzen. Von Anfang an brauchen wir diesen Mut: für die ersten Schritte, den ersten Versuch, ohne elterliche Hilfe Fahrrad zu fahren, die ersten Tage im Kindergarten oder in der Schule, den Einstieg ins Berufsleben, für das Wagnis zur Partnerschaft und zum Kind.

Das Elternsein fordert uns weitere Mutproben ab: den Mut loszulassen und dem Kind etwas zuzutrauen, es alleine gehen, klettern und die Treppe steigen zu lassen; aber auch den Mut, nein zu sagen, uns unbeliebt zu machen, dem Gerede anderer zu widerstehen; den Mut zu Kompromissen und den Mut, die eigenen Bedürfnisse weiterhin zu achten…

Überlegen Sie einmal: Wozu brauchen Sie Mut?

In welchen Situationen Ihrer Kindheit mussten Sie besonders viel Mut aufbringen?

Wie haben Sie sich damals gefühlt?

Was hat Ihnen geholfen?

Und wann mussten Sie als Erwachsener Mut aufbringen? Wann als Mutter oder Vater?

Was hat Ihnen dabei geholfen?

In welchen Situationen würden Sie gerne im Umgang mit Ihrem Kind mehr Mut haben?

Wie würden Sie sich gerne verhalten?

Was hätte Ihr Kind davon? Was hätten Sie davon?

Gibt es etwas, was Ihnen noch helfen könnte, diesen Schritt zu gehen?

Es stimmt: Elternmut tut Kindern gut! Durch das Zutrauen und die Ermutigung der Eltern entwickeln Kinder Selbstvertrauen und Mut fürs Leben.

Ihren Ausdruck findet Ermutigung

- in einem respektvollen, ehrlich-offenen Umgang miteinander,
- in gegenseitiger Anerkennung und Wertschätzung,
- in einer elterlichen Grundhaltung, die von Zutrauen geprägt ist und
- die den Kindern auch »Fehler« gestattet,
- die ihnen vermittelt: »Ich nehme dich so an, wie du jetzt gerade bist.«

Ich mache mich und mein Kind stark

Um ihre Kinder wirksam ermutigen zu können, brauchen Eltern auch Stolz auf die eigenen Stärken und Nachsicht mit den eigenen Schwächen. Denn wie schnell bekämpft man die eigenen Fehler unnachsichtig bei den Kindern. Deshalb ist es gut, wenn Sie Ihre Schwächen erkennen und akzeptieren können und keine Perfektion von sich selbst erwarten. Dadurch sind Sie am besten davor geschützt, auch von Ihrem Kind zu viel zu verlangen – und es damit zu entmutigen.

Überlegen Sie einmal: Welche Stärken und welche Schwächen haben Sie als Mutter oder Vater?

Welche mütterlichen oder väterlichen Eigenschaften schätzen Sie an sich besonders?

Fragen Sie mal Ihre/n Partner/in oder Freunde: Welche Stärken sehen diese bei Ihnen als Mutter oder Vater?

Was würden Sie gerne noch besser als Mutter bzw. Vater können?

In Gesprächen untereinander stellen Mütter und Väter oft verblüfft fest: Was sie sich selbst als »Fehler« ankreiden, passiert anderen genauso. Und was sie als selbstverständlich oder als »nichts Besonderes« abtun, empfinden andere womöglich als »tolle Lösung«, die sie selbst auch einmal ausprobieren möchten.

In jedem Fall dürfen Sie froh und dankbar sein für Ihre positiven Eigenschaften als Mutter oder Vater. Sie können Ihrem Kind viel damit geben. Und auch Ihre »Schwächen« gehören zu Ihnen und machen Sie als Person wertvoll und liebenswert.

Denn: Kinder brauchen keine perfekten Eltern! Im Gegenteil: Sie können am Beispiel ihrer Mutter und ihres Vaters lernen, wie sie mit Schwächen umgehen und leben können. Dies meint nicht, Schwächen in den Mittelpunkt aller Betrachtungen zu rücken. Leider geschieht dies im Miteinander und in der Selbstreflexion allzu oft. Denn im kritischen Blick sind wir geübt. Gesellschaftlich wird er vielerorts geschärft; zudem greifen womöglich verinnerlichte, altbekannte Sätze wie »Eigenlob stinkt!« oder »Nimm dich mal nicht so wichtig!« Egal wie diese Sätze lauten – sie verankern sich schnell in unserem Innern und wirken lange nach, bis ins Erwachsenenalter hinein. Wir betrachten uns selbst dann sehr kritisch oder haben große Scheu, unsere positiven Seiten zu benennen, weil wir uns nicht selbst loben wollen.

Ermutigende Botschaften sind dann umso wichtiger – lebenswichtig! Das gilt für Kinder ebenso wie für Erwachsene. Daher ist es wichtig, unsere Aufmerksamkeit ganz bewusst auf unsere Stärken und unsere positiven Eigenschaften zu lenken – und auf das, was uns ermutigt.

Überlegen Sie einmal: Was hat Sie ermutigt?

Erinnern Sie sich an Situationen in Ihrer Kindheit, in denen Sie sich von anderen ermutigt fühlten? Vielleicht bei schwierigen Aufgaben? Bei Problemen mit anderen Kindern oder Erwachsenen?

Gab es einen bestimmten Satz, eine Geste, die Sie als besonders ermutigend empfanden?

Oder: Was ist für Sie eine traumhafte Ermutigung? Malen Sie sich eine Situation aus, in der Sie als Kind oder jetzt als Erwachsener ermutigt werden. Was ermutigt Sie genau: ein Wort, eine Geste, ein Erlebnis?

Wie Sie Ihr Kind ermutigen

Mut macht Kindern jedes Wort, jede Handlung und jedes Signal der Aufmerksamkeit und Zuwendung, die sie in ihren sozialen Grundbedürfnissen ansprechen – nämlich dazuzugehören, wichtig und kompetent zu sein und sich geborgen fühlen zu können.

Ermutigen können Mütter und Väter ihr Kind, indem sie

- ihm »Edelsteinmomente« schenken (S. 32 ff.),
- ihm mit Worten, Handlungen und Gesten immer wieder signalisieren, dass es dazugehört, wichtig und kompetent ist und sich sicher und geborgen fühlen kann,
- bemerken, wie es Fortschritte macht oder sich an neue Aufgaben herantraut,
- an seine Fähigkeiten und Stärken glauben und ihm zutrauen, mit Aufgaben und Schwierigkeiten alleine fertig zu werden.

Besonders wichtig ist einem Kind die Ermutigung, wenn es einen Fehler gemacht hat oder mit einer Aufgabe nicht vorankommt.

Frau Seibold steht unter Stress. Sie ist kurz im Geschäft um die Ecke einkaufen, da fällt Jona (6) ein, er könnte ein Bild mit Wasserfarbe malen. Er holt sich Blätter, einen Malkasten und Wasser und beginnt mit seinem Werk auf dem »guten« Esstisch. Das Wasser ist schon tiefbraun, als ihm der Becher umkippt und sich Zeitungen und die Tischdecke mit dem Wasser vollsaugen. Als Frau Seibold kurz darauf wieder heimkommt, sieht sie die Bescherung.

Der erste Impuls von Frau Seibold ist verständlicherweise Ärger. Wo Kinder »Mist gebaut« haben, fällt es zunächst schwer, Kritik zu unterdrücken oder gar den Nachwuchs zu ermutigen. Aber es lohnt sich, genau hinzuschauen. Womöglich entdecken Eltern dann sogar im Misserfolg noch ganz besondere Qualitäten ihres Kindes.

Reife Leistung!

»Oh, das sieht hier ja aus!«, sagt Frau Seibold. »Aber das kann schon mal passieren. Ich find's eine prima Idee von dir zu malen. Und klasse, dass du dir die Sachen selbst geholt hast. Aber bitte bleib beim nächsten Mal an deinem Spieltisch. Und hol dir bitte jetzt einen Lappen aus der Spüle. Komm', ich helfe dir beim Saubermachen!« Frau Seibold räumt die Zeitungen und die Decke weg, während Jona mit einem Lappen das Wasser aufwischt.

Mut-mach-Sätze

Mut machen Eltern ihren Kindern durch

»Du kannst es!«-Sätze

- Das scheint sehr schwierig/beängstigend zu sein. Aber ich bin sicher, du findest eine Lösung dafür.
- Du schaffst das, bestimmt. Wenn du Unterstützung brauchst, weißt du ja, wo du mich findest.
- Schau mal, wie weit du schon gekommen bist!

»Du hilfst mir!«-Sätze

- Mit deiner Hilfe geht das Einkaufen viel leichter und schneller.
- Du hast immer so gute Ideen. Hast du Lust, mir bei der Gestaltung der Einladungskarte zu helfen?
- Deine gute Laune ist richtig ansteckend. Das tut mir gerade heute gut.

»Du kommst voran!«-Sätze

- Du machst dir so viel Mühe mit dieser Arbeit. Das wird bestimmt gut aussehen.
- + Diese Rechnungen fallen dir immer leichter.
- + Toll, dass du es immer wieder versuchst. Bald hast du es.

»Ich mag dich wie du bist!«-Sätze

- Du hast dich sehr dafür eingesetzt. Mehr kannst du nicht tun.
- Ich finde es gut, dass du es versucht hast.
- Ich verstehe, dass du nicht besonders gern zur Schule gehst.

Eine Gefahr ist, gut gemeinte Sätze, die Kinder aufmuntern, mit (Zu-)Sätzen zu versehen, die alles wieder in Frage stellen. Damit erreichen Sie genau das Gegenteil:

- Du kannst es schaffen, also hör auf zu jammern!
- Ich vertraue dir, also enttäusche mich nicht.
- Das hast du gut gemacht, aber das hier könnte noch besser sein.
- Du hast viel daran gearbeitet. Ich wünschte, du würdest das öfter tun!

Derartige »Aber-Sätze« entmutigen. Lässt man sie weg, kann die Ermutigung ankommen!

Exkurs: Ermutigen heißt genau hinschauen

»Haben Sie Ihr Kind heute schon gelobt?« stand früher auf vielen Autoaufklebern. Loben galt in der 1970-er Jahren als das wichtigste Mittel in der Erziehung.

Das ist heute anders, und zwar aus zwei Gründen:

(1) Die Aufforderung »Loben, loben, loben!« könnte Eltern dazu verleiten, ihr Kind für alles und jedes zu loben – selbst wenn sie von dem, worum es geht, gar nicht überzeugt sind. Viele Kinder spüren diese Halbherzigkeit, wodurch das Lob wertlos wird. Andere nehmen es für bare Münze und entwickeln dann womöglich eine unrealistische Selbsteinschätzung.

(2) Lob, das nur nach einer erbrachten Leistung eingesetzt wird, macht Kinder abhängig. Die Erwachsenen »bezahlen« deren Bemühungen mit Lob und »kaufen« dafür das Wohlverhalten ihrer Kinder. Diese fühlen sich ihrer Leistung wegen geschätzt, aber nicht als Person angenom-

men. Außerdem müssen sie befürchten, diese Wertschätzung bei einem Versagen einzubüßen.

Beim Lob ist das von den Eltern bewertete Ergebnis der Maßstab. Außerdem hängt ein solches Lob vor allem davon ab, was ein Kind können sollte, ob es also von außen gesetzte Normen erfüllt. Ermutigung dagegen würdigt die vom Kind aufgewendete Mühe sowie die Stärken des Kindes und seine Entwicklung.

Ein anschauliches Beispiel bieten Ihre Gedanken während eines Wettrennens, an dem Ihr Kind teilnimmt. Während des Rennens denken Sie vielleicht: »Klasse, ein kraftvoller Start! Er läuft viel schneller als das letzte Mal! Wie ehrgeizig er kämpft! Noch 50 Meter, du schaffst es!« Das ist Ermutigung, die unabhängig vom Endergebnis ist.

Überlegen Sie einmal: Wie können Sie Ihr Kind ermutigen?

Welche Eigenschaften schätzen Sie an Ihrem Kind?

Welche »Schwächen« Ihres Kindes machen Ihnen Kopfzerbrechen?

Welche positiven Seiten haben seine »Schwächen« möglicherweise?

Kennen Sie diese »Schwächen« von sich selbst?

Bedenken Sie: Jede Medaille hat zwei Seiten! Schauen Sie auch auf die positive. Zum Beispiel ist Schüchternheit eine »Schwäche« von Kindern, an der viele Mütter und Väter sich reiben. Nun bringt es überhaupt nichts, wenn Eltern ihren Kindern eine solche Eigenschaft abtrainieren möchten. Die Aufforderung »Sei doch nicht so schüchtern« bewirkt höchstens, dass Kinder sich ihres eigenen »Makels«, ihrer vermeintlichen Unzulänglichkeit noch bewusster werden – und sich deshalb erst recht schüchtern verhalten. Besser ist es, wenn Eltern auch die positiven Seiten der Schüchternheit wahrnehmen. Die »eingebaute Zurückhaltung« schützt Kinder immerhin davor, sich vorschnell auf alle möglichen Abenteuer einzulassen. Und leben lässt sich damit allemal. Schließlich leiden auch viele Erwachsene an Schüchternheit. Sie haben zwar Schwierigkeiten, Kontakt zu anderen aufzunehmen, und werden nervös, wenn sie in der Öffentlichkeit alle Blicke auf sich gerichtet glauben. Die meisten dieser Erwachsenen haben aber gelernt, ihr Leben so einzurichten, dass sie mit ihrer Schüchternheit gut umgehen und leben können. Sie setzen auf ihnen Vertrautes und entfalten dort ihre Stärken.

Väter und Mütter dürfen also darauf vertrauen, dass auch die (vermeintlichen) Schwächen ihrer Kinder ihre guten, liebenswerten Seiten haben – und außerdem gehören sie ja zur Persönlichkeit ihrer Kinder. Möglicherweise bleiben sie eine Lebensaufgabe für die Kinder, an der sie aber auch reifen können. Sie werden lernen, damit zu leben – genau wie die Eltern mit den ihrigen.

Die Ermutigungsdusche

Eine spielerische, sehr wohltuende Möglichkeit, Kindern Mut zu machen, ist die Ermutigungsdusche. Das Prinzip ist ganz einfach:

Das Kind steht in der Mitte, die anderen stehen oder sitzen im Kreis um das Kind herum und sagen ihm der Reihe nach, »was ich besonders an dir mag, liebe, womit du mir Freude machst« – und ähnliches. Das Kind in der Mitte hört nur zu und bedankt sich nach jeder Ermutigung. Und wenn alle ihren »Schampus« verspritzt haben, erklärt es zum Abschluss, auf welche Eigenschaft es selbst besonders stolz ist.

Die Ermutigungsdusche eignet sich besonders gut für Kindergeburtstage und ähnliche Feste. Aber auch an Tagen, an denen Kinder (und Erwachsen!) eine Stärkung besonders nötig haben, zum Beispiel nach einem Misserfolg oder vor einer schwierigen Prüfung, wirkt die Ermutigungsdusche wie Balsam für die Seele.

Das Wichtigste im Überblick

- Kinder brauchen Ermutigung, damit sie ihre eigenen Stärken und besonderen Qualitäten wahrnehmen, schätzen lernen und Selbstwertgefühl entwickeln können.
- Ermutigung darf nicht von Erfolg abhängen. Besondere Ermutigung brauchen Kinder, wenn sie an sich zweifeln.
- Eltern müssen nicht perfekt sein. Umso weniger laufen sie Gefahr, auch von ihren Kindern Perfektion zu erwarten und sie damit zu überfordern.
- Ermutigung ist jedes Wort, jede Handlung und jedes Signal der Aufmerksamkeit und Zuwendung, die Kinder in ihren sozialen Grundbedürfnissen bestätigen: dazuzugehören, wichtig und kompetent zu sein und sich geborgen zu fühlen.
- Auch die »Schwächen« von Kindern haben oft positive Seiten. Und sie können lernen, damit zu leben.

5 Dem Kind das Leben zutrauen

Wie Eltern unverhältnismäßige Strafen durch natürliche und logische Folgen vermeiden können, und warum Eltern ihren Kindern deren Probleme nicht ohne Notwendigkeit abnehmen sollen.

Wir können unsere Kinder
vor dem Leben nicht beschützen.
Rudolf Dreikurs

»Strafe muss sein.« »Wer nicht hören will, muss fühlen.«

Vielleicht kennen Sie diese Sätze, mit denen über lange Zeit für ein hartes Durchgreifen in der Kindererziehung plädiert wurde. Verhalten von Kindern, das für die Erwachsenen nicht akzeptabel war, wurde bestraft – mit Liebesentzug, Stubenarrest, Fernsehverbot oder auch körperlich mit Schlägen. Eine Tracht Prügel oder eine Ohrfeige waren damals nichts Ungewöhnliches. Ein »Klaps hinten drauf« blieb noch lange ein anerkanntes Mittel, um Kindern unerwünschtes Verhalten auszutreiben.

Heute wollen Eltern andere Wege gehen. Seit 2000, längst überfällig, ist dies auch gesetzlich gefordert – durch das »Recht des Kindes auf gewaltfreie Erziehung«.

Und dies ist auch gut so. Denn Strafen, wie die eben genannten, helfen dem Kind nicht, Wichtiges für das Leben zu lernen. Wer Strafsituationen erlebt hat und an sie zurückdenkt, wird schnell feststellen, dass er eine Strafe umso mehr akzeptieren konnte, je mehr er diese nachvollziehen und einsehen konnte. Fühlte er sich zu Unrecht oder unverhältnismäßig hart bestraft oder wurde er gar geschlagen, dann kann er sich an die Gründe für die Bestrafung wahrscheinlich kaum noch erinnern. Wohl aber an die Gefühle gegenüber Mutter oder Vater, die die Bestrafungsaktionen hinterließen.

Kinder fühlen sich in solchen Situationen verletzt, wollen

es Mutter oder Vater heimzahlen, wollen abhauen, sich zurückziehen oder sich rächen. Aus Angst vor weiteren Strafen lügen sie beim nächsten Mal vielleicht, beschuldigen andere, passen sich um jeden Preis an und verzichten darauf, ihrer eigenen Überzeugung zu folgen. Manche Kinder identifizierten sich auch mit dem »Urteil« ihrer Mutter oder ihres Vaters und halten sich selbst für ein »böses Kind«. Sie bezahlen für die Schläge mit einem geringen Selbstbewusstsein.

Um das alles zu vermeiden, ist es besser, wenn Eltern auf Strafen verzichten. Aber was können Sie tun, wenn Kinder Regeln und Grenzen missachten? Rudolf Dreikurs hat in seinem Konzept der »natürlichen Folgen« und der »logischen Folgen« beschrieben, wie Kinder Positives für ihr Leben lernen und selbstverantwortliches Handeln entwickeln können, ohne dass dabei die Beziehung zwischen Eltern und Kindern belastet wird: Statt ihre Kinder bei unerwünschtem Verhalten willkürlich oder unverhältnismäßig zu bestrafen, sollen Mutter und Vater ihnen besser die Folgen ihrer Handlungen zumuten. Dann werden sie aus diesen Folgen lernen, denn: Der beste Lehrer ist das Leben.

Aus natürlichen Folgen lernen

Natürliche Folgen sind die Konsequenzen, die sich aus einem Verhalten unmittelbar ergeben. Sie treten von alleine ein, ohne dass andere eingreifen. Kinder lernen so, was sie mit ihrem Verhalten bewirken oder auslösen können.

Dies ist schon in positiv erlebten Situationen wichtig. Da strahlt ein anderes Kind es dankbar an, nachdem es das ersehnte Spielzeug bekommen hat; da erhält es eine gute Schulnote, nachdem es für das Fach viel gelernt hatte. Das Kind kann sich in seinem Verhalten bestärkt fühlen, weil es auf Grund seines Handelns Positives erfährt. Wichtig ist, den Erfolg beim Kind zu lassen, z. B. durch einen Satz wie: »Jetzt hast du dem Kind aber eine große Freude gemacht, schau mal!« Entmutigend wäre es, wenn Mutter oder Vater den Erfolg für sich verbuchen, z. B. durch einen Zusatz wie: »Das

Kind freut sich sehr. Gut, dass ich dir gesagt habe, dass du ihm das Spielzeug geben sollst.«

In anderen Situationen erfährt das Kind schnell, wenn sein Verhalten unpassend war. Was passiert, wenn ein Kind zu schnell läuft? Es fällt hin und tut sich weh. Oder ein Schulkind, das sein Pausenbrot zu Hause liegen lässt: In der Schule wird es Hunger bekommen. Die Folgen ergeben sich unmittelbar aus den Handlungen oder Versäumnissen des Kindes. Niemand muss eingreifen, schimpfen, es kritisieren oder beschuldigen. Das Kind lernt schlicht und einfach aus den Folgen seines Handelns (oder seiner Vergesslichkeit): Wenn ich zu schnell laufe, falle ich hin. Wenn ich mein Pausenbrot vergesse, habe ich nichts zu essen und bekomme Hunger. Das muss dem Kind kein Erwachsener erklären. Ganz im Gegenteil würde jede besserwisserische Erklärung nur dazu führen, dass das Kind von der »Lehre« aus seinem Erlebnis abgelenkt wird und sich Gefühle in den Vordergrund drängen wie: »Blöder Papa. Warum lässt er mich das nicht einfach mal machen?« oder »Blöde Mama! Soll sie mir doch alles mitgeben.« Nachträgliche Erklärungen von Erwachsenen bewirken nur, dass das Kind sich »klein« fühlt. Dagegen stärkt es das eigene Lernen in seinem Selbstbewusstsein und Verantwortungsgefühl.

Überlegen Sie einmal: Wie natürliche Folgen wirken

Bei welchen Gelegenheiten haben Sie selbst als Kind oder als Erwachsener natürliche Folgen erlebt?

....

Wie haben Ihre Eltern sich damals verhalten?

....

Welche Konsequenzen haben Sie aus Ihren Erlebnissen gezogen?

....

Bei welchen Gelegenheiten hat Ihr Kind bereits natürliche Folgen erlebt?

Wie haben Sie sich dabei verhalten?

Gibt es eine Situation, in der Sie Ihr Kind bisher vor den natürlichen Folgen seines Handelns bewahrt haben, die Sie ihm nun aber zumuten möchten? Welche Situation ist das?

Wie möchten Sie sich zukünftig verhalten? Was wollen Sie unterlassen, was tun, was sagen?

Damit die natürlichen Folgen greifen können, müssen Eltern sich an einige Regeln halten:

- Bewahren Sie Ihr Kind nicht vor den Folgen seiner Handlungen und Unterlassungen. Wenn das Schulbrot zu Hause immer wieder liegen bleibt, dürfen Sie es Ihrem Kind also nicht nachtragen.
- Erinnern Sie Ihr Kind nicht wiederholt an seine Aufgaben. Sie würden damit nur die natürlichen Folgen verhindern. Außerdem würden Sie die Verantwortlichkeit Ihres Kindes für sein Tun verwischen, weil Sie wieder selbst die Verantwortung übernehmen würden.
- Kommentieren Sie die Folgen nicht, wenn sie tatsächlich eingetreten sind. Zum einen empfinden Kinder Sätze wie »Siehst du, was passiert, wenn du mit meinen Sachen spielst!« oder »Hoffentlich wird dir das eine Lehre sein!« schnell als eine Form von Strafe. Zum anderen betonen sie den Beziehungsaspekt anstelle der sachlichen Notwendigkeiten. Ihr Kind soll und muss lernen, das Notwendige zu tun und das Unpassende zu lassen – aber eigenständig und nicht nur, weil Sie es verlangen.

- Akzeptieren Sie es, wenn die erwartete natürliche Folge nicht eintritt – wenn zum Beispiel Ihr Kind, das zu spät zur Schulbus-Haltestelle aufbricht, vom Nachbarn im Auto mitgenommen wird und so doch noch pünktlich in die Schule kommt.
- Die Wirkung der natürlichen Folgen beruht gerade darauf, dass Sie sich nicht einmischen!

Das Konzept der natürlichen Folgen hat seine Grenzen. Oft dürfen Eltern die natürlichen Folgen von Handlungen oder Unterlassungen ihres Kindes auf keinen Fall in Kauf nehmen:

Der 6-jährige Felix fährt auf der Spielstraße mit seinem Fahrrad. Er hat entgegen der besprochenen Regel den Helm nicht aufgesetzt.

Wenn Mutter oder Vater Felix gewähren lassen, könnte er sich im Falle eines Sturzes schwere Kopfverletzungen zuziehen. Vor diesen natürlichen Folgen, die Felix selbst nicht überschaut, wollen und müssen sie ihn daher schützen. Das gilt genauso, wenn Kinder durch ihre Aktivitäten die Rechte anderer verletzen, zum Beispiel, indem sie durch lautes Geschrei beim Spielen die Mittagsruhe anderer stören.

Auch sind natürliche Folgen der falsche Erkenntnisweg, wenn sie zu spät eintreten würden und Kinder den Zusammenhang zwischen ihrem Verhalten und der Konsequenz nicht mehr herstellen könnten. So dauert es zum Beispiel zu lange, bis kleine Zahnputzmuffel die Folgen ihrer mangelhaften Zahnpflege zu spüren bekommen. In solchen Fällen vermitteln »logische Folgen« dem Kind wichtige, notwendige Zusammenhänge.

Aus logischen Folgen lernen

Wie logische Folgen eingesetzt werden, kann am Beispiel von Felix und seinem Radfahren ohne Helm gezeigt werden:

- **Überlegen Sie** sich, weshalb das Verhalten des Kindes problematisch ist, welches Verhalten Sie von ihm konkret erwarten und was es für eine Folge hat, wenn das Kind dieser Erwartung nicht nachkommt.
- Herrn und Frau Niem, den Eltern von Felix, ist das gesundheitliche Risiko zu groß. Er kann sich am Kopf verletzen. Zum Radfahren muss er den Helm aufziehen, ansonsten kann er nicht mit dem Rad fahren.
- **Handeln Sie: Sprechen Sie Ihr Kind direkt an.**
  Gewinnen Sie die Aufmerksamkeit Ihres Kindes und gehen Sie zu ihm auf Augenhöhe. Sagen Sie ihm, was das Problem ist und erklären Sie dies kurz. Fragen Sie Ihr Kind, was es stattdessen tun könnte oder beschreiben Sie klar und ruhig, was es stattdessen tun sollte.
- Ignorieren Sie es, wenn es Faxen macht oder herumkaspert.
- Herr Niem geht zu Felix und sagt: »Felix, ich sehe, du hast viel Spaß am Radfahren. Doch es ist gefährlich. Wenn du stürzt, kannst du dich am Kopf schwer verletzen. Was kannst du anderes tun?« Felix macht Faxen und spielt mit der Klingel. Herr Niem ignoriert dies und fährt fort: »Wenn du den Helm aufsetzt, ist dein Kopf geschützt.«
- Teilen Sie Ihrem Kind mit, welche logische Folgen sein Verhalten hat.
- **Zeigen Sie ihm die Wahlmöglichkeiten auf**, die es hat.
- »Felix, ohne Helm kannst du nicht mit dem Rad fahren. Willst du keinen Helm aufsetzen, kannst du ja etwas anderes spielen. Das Fahrrad stelle ich dann weg. Ziehst du den Helm auf, kannst du weiterfahren. Bitte entscheide Dich, was du tun möchtest.«
- **Wiederholen Sie Ihr Anliegen einmal**, wenn sich wie hier das Kind für etwas entscheiden soll.
  Soll das Kind jedoch mit etwas aufhören – z. B. damit, auf einen Gegenstand einzuschlagen – so wird das Anliegen

nur einmal genannt und nicht wiederholt. Die logische Folge greift dann sofort, etwa dass der Gegenstand weggenommen wird.

- »Felix, möchtest du den Helm aufsetzen und weiter mit dem Rad fahren, oder möchtest du ihn nicht aufsetzen und etwas anderes spielen? Entscheide dich.«
- **Respektieren Sie die Entscheidung des Kindes.**
- **Handeln Sie**, indem Sie ggf. eine logische Folge eintreten lassen.

- Felix setzt seinen Helm nicht auf.
  »O.k., ich sehe, du entscheidest dich dafür, jetzt lieber etwas anderes zu spielen. Ich werde das Rad wegstellen. Sobald du den Helm aufsetzt und wieder Radfahren möchtest, kann ich dir dein Fahrrad wieder herausholen.«

Das Beispiel demonstriert einige wichtige

Regeln für den Umgang mit logischen Folgen

- Logische Folgen haben einen direkten Bezug zum vorausgegangenen Verhalten des Kindes. Das Fahrrad wird weggestellt, weil Felix den Helm nicht aufziehen möchte. Elias muss auf den Arm, weil er zu nah an der Straße tobt. Emma muss den Kakao, den sie verschüttet hat, wieder aufwischen. Weil Lucas Hannahs Förmchen versteckt hat, muss er ihr einstweilen seine eigenen überlassen. Lea darf keine Süßigkeiten essen, weil die Zähne geschont werden müssen, solange sie keine Zähne putzt.
- Die Eltern erklären den Kindern vorher, was auf sie zukommt, und überlassen ihnen dann die Entscheidung.
- Manchmal bleibt dazu allerdings keine Zeit. Wenn zum Beispiel die 5-jährige Mia im Streit mit einem Spielgefährten ihr Springseil als »Peitsche« missbraucht, dürfen die Eltern nicht riskieren, dass ihr Kind die Gesundheit eines anderen gefährdet. In solchen Fällen müssen Eltern erst die logischen Konsequenzen ziehen (Mia das Springseil wegnehmen) und damit die unmittelbare Gefahr beseitigen. Danach müssen sie erklären, warum sie das gemacht haben.
- Die Folgen müssen verhältnismäßig sein und dem Alter des Kindes entsprechen. Wenn Max (7) einem Mitschüler mutwillig die Brille zerstört, so ist eine mehrjährige Taschengeldsperre zum Abstottern des Schadens nicht sinnvoll. Der »gereifte« Neunjährige müsste für den »unachtsamen« Siebenjährigen büßen. Sinnvoller wäre eine andere Konsequenz, zum Beispiel: In den nächsten Wochen muss er auf einen Teil seines Taschengelds verzichten. Zudem könnte er für den betroffenen Schüler einige Aufgaben übernehmen.

So kann er etwas von der Zeit, die dieser für die Neuanschaffung einer Brille einsetzen musste, wieder gutmachen.

- Die »Verhältnismäßigkeit« von logischen Folgen können Eltern oft auch dadurch wahren, dass sie sie zeitlich begrenzen – je nach Alter des Kindes für ein paar Minuten, eine Stunde oder auch mehrere Tage. Die Schaufel, die ein 4-Jähriger im Sandkasten als »Waffe« missbraucht hat und die sie ihm deshalb wegnehmen mussten, könnten Eltern ihm zum Beispiel nach einigen Minuten gewissermaßen »auf Bewährung« zurückgeben. Sie geben ihm damit die Chance, aus seinen Erfahrungen zu lernen und sich künftig anders zu verhalten. Wenn der Junge aber erneut andere Kinder damit schlägt, tritt die logische Konsequenz wieder ein – diesmal für eine längere Zeit.
- Ganz wichtig ist auch die »Tonart«, die Mutter oder Vater beim Erläutern von logischen Folgen anschlagen. Sie sollte freundlich und respektvoll sein. Das bedeutet, Mutter oder Vater reden ruhig und erklären ihr Handeln, sie suchen Verständnis statt zu drohen (»Wenn du das jetzt nicht tust, dann ...«). So verhindern die Eltern, dass die Logik der Konsequenzen von Gefühlen überlagert und von den Kindern als »Strafe« missverstanden wird.
- Die logischen Folgen werden entschlossen handelnd und konsequent eingesetzt, die Entscheidungen der Kinder akzeptierend.

Tatsächlich besteht der Sinn von logischen Konsequenzen nicht darin, Kinder für ihre »Missetaten« büßen zu lassen – im Sinne von: »Ätsch, dir werd ich's zeigen!« Vielmehr sollen die Kinder durch die logischen Folgen die Realitäten des gesellschaftlichen Lebens kennen lernen, ihre Grenzen im Umgang mit anderen erleben und lernen, Verantwortung für ihr eigenes Handeln zu übernehmen.

Anders als bei einem immer gleichen Strafenkatalog, bei Belohnungen, Versprechen oder Drohungen, bauen natürliche und logische Folgen auf die Einsichtsfähigkeit von Kindern und auf ihre Kraft, die Folgen ihres Handelns selbst zu tragen oder – soweit das zu verantworten ist – zu ertragen und daraus für die Zukunft zu lernen.

Auf eine kurze Formel gebracht: Logische Folgen müssen den »Kriterien der vier V's« standhalten.

Die Kriterien der vier V's

Logische Folgen
- stehen in enger Verbindung mit der Handlung
- lassen Kindern die Verantwortung für ihr Tun
- bleiben verhältnismäßig (= vernünftig)
- werden den Kindern mit vollem Respekt aufgezeigt.

Überlegen Sie einmal: Wo und wie könnten Sie logische Folgen einsetzen?

Für welche schwierige Situation wollen Sie sich eine logische Folge überlegen?

Welches konkrete Verhalten des Kindes stört Sie?

Weshalb genau stellt das Verhalten für Sie ein Problem dar?

Was wäre für Sie verhandelbar? Was nicht?

Welche Wahlmöglichkeiten – »zwei Erlaubnisse« – können gegeben werden?

Was könnte eine logische Folge (mit Blick auf die »vier V's«!) sein?

Mit welchen Worten könnten Sie Ihrem Kind diese logische Folge erklären?

Versuchen Sie ruhig einmal, Ihre Tonlage und Ihre Körpersprache vor einem Spiegel zu üben. Worauf wollen Sie achten? Wie wirken Sie auf sich selbst?

Schwierig wird die Anwendung logischer Folgen immer dann, wenn Erwachsene schon in ständige Konflikte mit ihren Kindern verstrickt sind. Kinder, deren Verhalten stark von Machtkämpfen und Rachegefühlen geprägt ist, missverstehen logische Folgen sofort als Strafe. Außerdem nehmen sie diese Folgen oft lieber in Kauf, als auf ihre Selbstbehauptung zu verzichten. Eltern brauchen dann viel Geduld. Doch hilft es, wenn sie ihren Kindern immer wieder respektvoll den Zusammenhang zwischen ihrem Verhalten und den logischen Folgen deutlich machen. Auch können sie gezielt »Edelsteinmomente« (S. 32 ff.) einsetzen oder Strategien anwenden, wie die der Konfliktlösung (S. 110 ff.) oder den Familienrat (S. 130 ff.) einzuberufen. Das alles trägt zu einer Verbesserung des Familienklimas und der Eltern-Kind-Beziehung bei.

Dein Problem oder mein Problem?

Indem Sie Ihrem Kind die natürlichen und logischen Folgen zumuten, verwirklichen Sie einen wichtigen Grundsatz beim Erziehen: Sie lassen die Probleme da, wo sie hingehören. Sie gehen davon aus, dass Ihr Kind lernen muss, seine Probleme selbst zu lösen und selbst die Verantwortung für seine Angelegenheiten zu übernehmen. Und Sie trauen ihm zu, dass es das auch schafft.

Vielen Müttern und Vätern fällt das allerdings schwer. Als »gute« Eltern möchte man das Beste für sein Kind und fühlt sich schnell verantwortlich dafür, dass es glücklich ist. Da ist die Gefahr groß, dem Nachwuchs bei Schwierigkeiten tatkräftig unter die Arme zu greifen, ihm Vieles abzunehmen.

Anna (4) mag ihre Erzieherin im Kindergarten sehr gerne. Deshalb ist sie traurig darüber, dass sie im Stuhlkreis nie neben ihr sitzen darf, und beschwert sich bei ihrer Mutter darüber. Frau Lenzen tröstet Anna: »Ich spreche mal mit der Erzieherin darüber.« Mit Erfolg: Ein paar Tage später darf Anna tatsächlich neben der Erzieherin sitzen.

Dieser Erfolg könnte sich langfristig allerdings als fragwürdig erweisen. Dann nämlich, wenn Anna aus dieser Erfahrung (und weiteren) lernt: »Probleme löse ich am besten, indem ich andere für mich einspanne.« Insgeheim vermittelt Frau Lenzen ihrer Tochter sogar eine zutiefst entmutigende Botschaft: »Ich muss für dich einspringen, weil du selbst nicht in der Lage bist, deinem Anliegen bei der Erzieherin Gehör zu verschaffen.«

Besser versucht Frau Lenzen deshalb, die Verantwortung für die Lösung des Problems bei Anna zu lassen: *»Ich weiß, du magst Frau Weiser sehr und möchtest gerne auch einmal neben ihr sitzen. Was meinst du denn: Was könntest du tun, um das zu erreichen?«*

Frau Lenzen signalisiert damit Verständnis für Annas Kummer und ihre Bereitschaft, mit ihr über Lösungsmöglichkeiten nachzudenken. Zugleich macht sie aber deutlich: »Das ist dein Problem, das musst du selbst lösen!« Und sie gibt Anna zu verstehen: »Ich traue dir zu, dass du das schaffst.« Damit macht sie ihrer Tochter Mut, nach Lösungen zu suchen und selbst Erfahrungen zu sammeln. Im Erfolgsfall weiß Anna dann: »Das habe ich selbst geschafft!« Diese Erfahrung wird ihr Selbstvertrauen wachsen lassen.

Bevor Sie Ihrem Kind ein Problem abnehmen, überlegen Sie: »Wem ›gehört‹ dieses Problem eigentlich?« »Gehört« es Ihrem Kind, lassen Sie es selbst nach Lösungen suchen, eventuell mit Ihrer Unterstützung. Sonst könnten Sie Ihr Kind daran hindern, aus der Auseinandersetzung mit seinen eigenen Aufgaben zu lernen.

Besonders oft erliegen Eltern bei Streitereien von Geschwistern der Versuchung, sich in die Angelegenheiten der Kinder einzumischen: *Die Geschwister Ben und Lea streiten um den letzten Joghurt im Kühlschrank. Als ihre Mutter dazu kommt, wenden beide sich sofort an sie. Jeder schildert den Streit aus seiner Sicht, und beide erwarten von Frau Schmidt eine gerechte Lösung.*

Wie auch immer Frau Schmidt sich entscheiden wird – ob sie nun Ben oder Lea den Joghurt zuspricht, ihn teilt oder wegräumt – sie muss damit rechnen, dass sich mindestens ein Kind nicht verstanden fühlt. Dann wäre nicht mehr der Streit der Geschwister das Problem, sondern die Entscheidung der Mutter. Dann hätte sie entweder mit Ben oder mit Lea oder vielleicht sogar mit beiden Ärger und würde den Kindern die Möglichkeit nehmen, ihren Konflikt selbst zu klären. Frau Schmidt entscheidet sich deshalb, das Problem bei den Kindern zu lassen:

»Das regelt mal selbst. Das traue ich euch schon zu, dass ihr eine Lösung findet, mit der ihr beide zufrieden seid.«

Es ist möglich, dass dabei keine »gerechte« Lösung herauskommt. Vielleicht hat Lea in dieser Woche erst einen Joghurt verputzt, Ben aber schon vier – und sichert sich jetzt auch noch einen Anteil an dem fünften. Es stimmt auch, dass Kinder noch wenig Erfahrung im Lösen von Konflikten haben, dass sie oft über das Ziel hinausschießen und sich unfair verhalten. Andererseits geht es im Leben nun mal nicht immer gerecht zu. Auf dem Spielplatz, in der Schule und erst recht im späteren Erwachsenenleben können Kinder auch nicht immer Zuflucht bei Mutter oder Vater suchen, wenn es schwierig wird. Deshalb ist es gut, wenn sie frühzeitig eigene Erfahrungen mit der Bewältigung schwieriger Situationen machen und auch lernen, für sich selbst zu sorgen.

Wenn Sie als Mutter oder Vater in solchen Situationen also den Impuls spüren einzugreifen und Ihrem Kind ein Problem abzunehmen, ziehen Sie sich lieber hinter eine Zeitung oder ins Badezimmer zurück oder machen Sie einen Spaziergang. Sie können Ihrem Kind aber sehr wohl Ihre Hilfe anbieten, wenn Sie (noch) nicht darauf vertrauen, dass es eine eigenständige Lösung findet. Auch wenn Sie erleben, dass beispielsweise Geschwisterverhandlungen stets auf Kosten des jüngeren Kindes geführt werden, können Sie Ihre Kinder liebevoll begleiten und sie darin unterstützen, eigene Lösungen zu finden: »Am besten sagt jeder zuerst mal, was er gerne möchte. Und dann könnt ihr sehen, wie ihr zusammenkommen und eine faire Lösung finden könnt. Da fällt euch ganz bestimmt etwas ein.«

Überlegen Sie einmal: Wem gehört das Problem?

Erinnern Sie sich an Situationen, in denen Sie Probleme für Ihr Kind gelöst haben?

Hätte Ihr Kind dieses Problem vielleicht auch selbst lösen können?

Welche Hilfen hätten Sie ihm dabei anbieten können?

Beispiele

Wer ist in den folgenden Beispielen für die Lösung des Problems zuständig? Welche Hilfen würden Sie als Mutter oder Vater dem Kind anbieten, ohne ihm die Verantwortung abzunehmen?

Klaus muss zur Schule gehen und findet seine Turnschuhe nicht.

Im Kindergarten wird Leonies selbst gebastelte Laterne zerrissen.

Thorsten hat den Füller seines Vaters benutzt und beschädigt.

Die Lehrerin beschwert sich, dass Melanie ihre Hausaufgaben nicht vollständig macht.

Lars hat Leon angespuckt.

Mia hat den Müll nicht weggebracht.

Wenn Herr Schmitz zur Arbeit fährt, nimmt er Jens bis zur Schule mit. Doch immer wieder gibt es Reibereien, weil Jens endlos trödelt.

Das Wichtigste im Überblick

- Statt immer gleich oder unverhältnismäßig zu strafen, muten Eltern den Kindern besser die natürlichen und logischen Folgen zu.
- Natürliche und logische Folgen bauen auf die Einsichtsfähigkeit von Kindern und auf ihre Kraft, die Folgen ihres Handelns selbst zu tragen und daraus zu lernen.
- Natürliche Folgen wirken am besten, wenn Eltern auf jeden Kommentar dazu verzichten.
- Logische Folgen müssen die »Vier V-Kriterien« erfüllen: Sie müssen in Verbindung mit der vorangegangenen Aktion der Kinder stehen, ihnen die Verantwortung für ihr Handeln überlassen, verhältnismäßig sein und ihnen mit vollem Respekt aufgezeigt werden.
- Eltern, die ihren Kindern ohne Notwendigkeit Probleme abnehmen, hindern sie damit am Lernen.

Exkurs: Atempause – Ich gönne mir Abkühlung

Auseinandersetzungen mit Kindern provozieren oft heftige Gefühle: Ärger, Enttäuschung, Angst, Wut. Diese Gefühle sind wichtig, denn sie machen deutlich, was uns wesentlich ist. Auch steckt in ihnen die Kraft, die wir brauchen, um uns abzugrenzen und zu verteidigen. Sie zu unterdrücken, macht auch aus einem anderen Grund wenig Sinn: Früher oder später wird der Druck im Kessel so stark, dass er explodiert.

Andererseits machen diese starken Gefühle es uns schwer, unserem Gegenüber offen zu begegnen und eine tragfähige Lösung für den Konflikt zu finden, die beiden Parteien gerecht wird. Stattdessen ist die Gefahr groß, dass der Konflikt sich weiter hochschraubt und die Kontrahenten sich gegenseitig verletzen. Mutter und Vater können unterschiedliche Strategien entwickeln, um wieder einen »kühlen Kopf« zu bekommen: Sie gehen in ein anderes Zimmer, reagieren sich mit Aufräumen, Musikhören oder

Telefonieren ab, trinken ein Glas kaltes Wasser… Allerdings sollten Eltern ihren Kindern klarmachen, dass der Rückzug keine Flucht bedeutet: »Wir sprechen später darüber, wenn ich mich beruhigt habe. Sonst sage ich jetzt etwas, was mir nachher Leid tut.«

Überlegen Sie einmal: Wohin mit der Wut?

Wie versuchen Sie sich zu »entstressen«, wenn Sie sich über Ihren Mann oder Ihre Frau, Ihren Chef oder andere heftig geärgert haben?

Und was tun Sie, wenn Sie sich eher niedergeschlagen fühlen, um wieder aus Ihrem »Tief« herauszukommen?

Haben Sie diese Strategien auch schon bei Konflikten mit Ihrem Kind ausprobiert? Oder spricht etwas dagegen?

Welche Möglichkeiten könnten Sie einmal ausprobieren?

Auf den ersten Blick gleichen solche Reaktionen dem bekannten »Geh sofort auf dein Zimmer und komm erst wieder raus, wenn du dich beruhigt hast!« Tatsächlich besteht jedoch ein erheblicher Unterschied: Wenn die Eltern sich zurückziehen und notfalls im Bad einschließen, behalten sie das Heft des Handelns in der Hand. Mit dem Befehl »Geh auf dein Zimmer!« brechen dagegen meist neue Machtkämpfe aus, sprich: Der Konflikt eskaliert weiter.

Ganz anders sieht es aus, wenn Eltern den Befehl in einen freundlichen Vorschlag umformulieren: »Was hältst du davon, wenn du jetzt erst mal auf dein Zimmer gehst und ein bisschen Musik hörst? Wir reden weiter, wenn du dich beruhigt hast.« Genauso wie Müttern und Vätern kann auch Kindern eine Abkühlungsphase gut tun, wenn sie erregt sind. Es macht also Sinn, wenn sie auch ihrem Kind solche Möglichkeiten aufzeigen. Und der Zweck ist eindeutig: nicht Bestrafung, sondern Entspannung – damit beide Seiten danach wieder in Ruhe miteinander reden können.

6 Das Miteinander entspannt gestalten

Warum Regeln für Kinder so wichtig sind, wie Eltern sie am besten formulieren, wie ein Familienrat funktioniert und wie immer wiederkehrende Konflikte sich mithilfe einer Zehn-Punkte-Strategie lösen lassen.

Zusammenarbeit muss erworben werden,
sie kann nicht gefordert werden.
Rudolf Dreikurs

Überall, wo Menschen zusammenleben, gelten Regeln. Manche davon sind in dicken Gesetzbüchern ausdrücklich festgeschrieben. Wer gegen sie verstößt, muss mit Strafen rechnen. Regeln einzuhalten, ist manchmal unbequem und scheinbar sinnlos. Warum zum Beispiel soll ich nachts auf menschen- und autoleeren Straßen minutenlang warten, wenn die Ampel »rot« zeigt? Eine Lösung wäre, sie eventuell abzuschalten, doch darüber zu diskutieren, wann ich die Ampel beachten muss oder nicht, ist undenkbar. Und so gibt es auch grundsätzlich geltende Regeln, die uns ersparen, »richtiges« Verhalten, wie etwa die »Vorfahrt«, jedes Mal neu auszuhandeln.

Deshalb brauchen auch Kinder Regeln. Nicht etwa, damit die Erwachsenen sie »im Zaum halten« können, sondern als »Geländer durchs Leben«. Regeln geben Kindern Sicherheit und Orientierung. Kinder können sich besser entfalten, wenn sie wissen, was in bestimmten Situationen von ihnen erwartet wird, und was sie von anderen erwarten können. Sie müssen ihre seelische Energie nicht darauf verwenden, sich ständig neu zu orientieren. Unklare oder fehlende Regeln dagegen erzeugen Unsicherheit, auf die Kinder oft mit auffälligem Verhalten reagieren. Aber auch Mütter und Väter brauchen Regeln, die ihnen helfen, die Grenzen ihrer Kinder zu achten und ihnen eine würdige Entwicklung zu ermöglichen.

Regeln im Familienleben

Manche der Regeln, nach denen das Leben von Familien abläuft, haben Eltern und Kinder zuvor ausdrücklich vereinbart: Wer beim Essen oder Trinken etwas verkleckert hat, macht es anschließend wieder sauber. Andere Regeln spielen sich unausgesprochen ein, etwa: Um halb sieben gibt es bei uns Abendessen. Mit manchen Regeln kommen Eltern und Kinder gut, mit anderen weniger gut zurecht.

Überlegen Sie einmal: Welche Regeln gelten bei Ihnen?

Welche Regeln haben sich in Ihrer Familie stillschweigend eingespielt?

Welche haben Sie ausdrücklich vereinbart?

Wer hat diese Regeln beschlossen? Mutter, Vater? Oder Eltern und Kinder gemeinsam?

Welche Regeln in Ihrer Familie funktionieren gut?

Welche Regeln funktionieren nicht so gut?

Die Erfahrungen vieler Familien zeigen: Wie gut Regeln im Alltag funktionieren, hängt wiederum von einigen »Regeln für die Regeln« ab. Sie werden umso besser beachtet, wenn sie bestimmte Voraussetzungen erfüllen.

Regeln für die Regeln

- **Es gibt nur wenige Regeln,** die für eine bestimmte Zeit ausdrücklich formuliert werden.
- **Regeln sind eindeutig.**
  »Du musst rechtzeitig zu Hause sein!«, ist nicht eindeutig; denn das Kind kann nicht wissen, was Mutter oder Vater unter »rechtzeitig« verstehen.
  Besser ist: »Sei um 18 Uhr zu Hause.«
- **Regeln sind positiv formuliert.**
  »Geh nicht allein durch den Park!«, sagt dem Kind zwar, was es nicht tun soll. Es weiß dann noch nicht, was von ihm erwartet wird, z.B. wie es zu seinem Freund am anderen Ende des Parks kommen soll.
  Besser ist: »Geh nur mit Personen durch den Park, die du gut kennst. Ansonsten gehe um den Park herum an der Straße entlang.«
- **Regeln sind fair.**
  »Der Teller wird leergegessen!«, ist unfair, wenn das Kind die Menge zuvor nicht selbst bestimmen durfte.
- Die **Folgen bei Regelverletzungen sind** vorher miteinan-

der **abgesprochen und bekannt** (logische und natürliche Folgen).
»Während des Essens bleiben wir am Tisch sitzen«, lautet die Regel. Entscheidet sich jemand dafür, trotzdem aufzustehen, weiß er, dass für ihn damit das Essen beendet ist und er sein Geschirr abräumen muss.
Oder eine dem Kind bekannte logische Folge zur Abendgestaltung: »Ab halb acht gehört der Abend den Eltern. Danach steht keiner von beiden zum Vorlesen zur Verfügung.«

- **Die Regel** und ihre Folgen bei Regelverletzungen **gelten für alle** Beteiligten.
  »Die Straßenschuhe kommen in das Schuhregal an der Tür. Wer mit den Straßenschuhen Schmutz ins Haus schleppt, wischt ihn selbst wieder auf.« Diese Regel verpflichtet nicht nur die Kinder, sondern auch Mutter und Vater zum Saubermachen.
- **Regeln sind zeitlich begrenzt.**
  Die Regel »Kinder sind um 19.30 Uhr im Bett, und das Licht wird ausgemacht«, wird am nächsten Geburtstag gemeinsam überdacht.
- **Die Kinder sind an der Formulierung der Regeln beteiligt.**
  Soweit möglich werden die Regeln mit den Kindern besprochen und formuliert: Was soll geregelt werden und weshalb? Wie könnte die Regel lauten? Was ist, wenn sich jemand nicht daran hält? Dabei kann es auch Spaß machen und helfen, zusammen kleine Hinweisschilder zu malen, die im Haus aufgehängt an die vereinbarte Regel erinnern.

Überlegen Sie einmal: Sind Ihre Regeln regel-gerecht?

Sehen Sie sich jetzt noch einmal die von Ihnen notierten Regeln Ihrer Familie von S. 114 an! Haben Sie bei der Formulierung der Regeln die »Regeln für Regeln« angewendet?

Welche bestehende Regel würden Sie gerne neu formulieren? Wie soll sie lauten?

Für welche Regel möchten Sie mit den anderen Familienmitgliedern gemeinsam logische oder natürliche Folgen festlegen? Welche Ideen hat jeder von Ihnen?
Regel:

---

mögliche Folgen:

Eltern (gerade auch von jüngeren Kindern) müssen immer wieder aus der eigenen Verantwortung heraus ohne ausdrückliche Vereinbarung mit ihrem Nachwuchs Regeln setzen und Grenzen ziehen.

In jeder Familie gibt es typische, immer wiederkehrende Situationen, in denen es zu Konflikten und Auseinandersetzungen kommt: sei es beim Anziehen der Kinder, beim Aufräumen, beim Telefonieren oder abends beim Zubettgehen, bei langen Autofahrten, beim Einkaufen oder bei Feiern und Gottesdiensten. Die Notwendigkeiten, denen die Eltern dabei folgen, sehen Kinder nicht immer ein. Im besten Fall kooperieren sie trotzdem – im Vertrauen auf die Eltern. Aber eben nicht immer; deshalb müssen Eltern notfalls auch gegen den Willen ihrer Kinder Grenzen setzen, um ein vernünftiges Miteinander zu ermöglichen. Das dürfen sie ohne schlechtes Gewissen tun. Denn Kinder brauchen zur eigenen Entwicklung feste Standpunkte der Eltern, Entschiedenheit und Klarheit im Umgang miteinander. Nur so können sie sich orientieren, Sicherheit spüren und sich – später – mit den gesetzten Regeln und Grenzen konstruktiv auseinandersetzen.

Vertreten Sie daher entschieden die Dinge, die Ihnen wichtig sind und die Sie Ihren Kindern gegenüber verantworten können.

- Teilen Sie Ihrem Kind Ihre Gefühle und Gedanken mit, schildern Sie die Gefahren einer Situation oder die Bedürfnisse von anderen, die es mit seinem Verhalten verletzen könnte. (Auch wenn Kinder vielleicht noch zu klein sind, um Ihre Begründungen nachzuvollziehen, erkennen sie an Ihren Erklärungen, dass Mama oder Papa nicht willkürlich »per Ordre de mufti« diktiert.)
- Sagen Sie Ihrem Kind, welches Verhalten Sie von ihm erwarten. Formulieren Sie die Regel, die daraus folgt – unter Berücksichtigung der »Regeln für Regeln«.

  Beispiel: »Von 12.00 Uhr bis um 14.30 Uhr kann im Hof nur leise gespielt werden. Daher möchte ich nicht, dass ihr mittags im Hof Fußball spielt. Ihr stört damit Frau Gerstner, die dann von der Schicht kommt und ihren Schlaf braucht.«
- Sprechen Sie ab, welche Folgen es hat, wenn Ihr Kind die Regel nicht einhält – unter Berücksichtigung der »vier V's« (S. 104). (Im Beispiel: *»Wer zwischen 12.00 Uhr und 14.30 Uhr im Hof laut ist, muss diesen verlassen und irgendwo hingehen, wo es laut zugehen kann.«*)
- Achten Sie im Folgenden auf die Umsetzung der Regel. Wird sie nicht beachtet, lassen Sie die natürlichen Folgen eintreten bzw. setzen Sie die logischen Folgen konsequent ein. Bleiben Sie dabei möglichst freundlich, aber fest.
- Wenn Ihr Kind sich an die Regel hält: Ermutigen Sie es, so weiterzumachen, indem Sie es auf die positiven Folgen hinweisen und seine Mitarbeit anerkennen. (*»Frau Gerstner hat mir eben gesagt, wie froh sie ist, dass es mittags so leise ist.«*)
- Je mehr es Ihnen gelingt, Ihre Kinder an den Überlegungen zu Familienregeln zu beteiligen, desto eher werden sie die Regeln einhalten und die Folgen akzeptieren. Werben Sie beispielsweise um das Verständnis des Kindes. Suchen Sie mit Ihrem Kind gemeinsam nach Möglichkeiten, die es ihm erleichtern, sich an die Regel zu halten (Im Beispiel: Ruhige Spiele im Hof.) Lassen Sie es mit überlegen, welche logischen Folgen das Nichteinhalten der Regel haben kann. Das Kind lernt so, die Wünsche und Bedürfnisse an-

derer wahrzunehmen und mit den eigenen abzustimmen. Versuchen Sie, sich auf solche Gespräche über Regeln mit Ihrem Kind gut vorzubereiten. Dann können Sie klarer auftreten und ihm eher helfen, mit Ihnen zusammen Handlungsalternativen zu entwickeln.

Überlegen Sie einmal: Welche Regel möchten Sie setzen?

Gibt es eine typische Situation, in der Sie immer wieder mit Ihrem Kind in einen Konflikt geraten?

Was genau stört Sie an seinem Verhalten?

Warum, glauben Sie, verhält es sich so? Welche Bedürfnisse und Gefühle hat Ihr Kind in dieser Situation?

Haben Sie selbst als Kind ähnliche Situationen erlebt?

Wie ergeht es Ihnen als Mutter oder Vater in der Konfliktsituation? Was empfinden Sie dabei?

Welche Bedürfnisse haben Sie selbst in dem Konflikt mit Ihrem Kind? Was brauchen Sie?

Wo liegen für Sie die Grenzen? Was können Sie nicht akzeptieren?

Welche Regel würden Sie gerne einführen, um Wiederholungen dieses Konflikts vorzubeugen?

Was könnte Ihrem Kind helfen, diese Regel einzuhalten? Welche Handlungsalternativen können Sie ihm eröffnen?

Welche natürlichen oder logischen Folgen könnten eintreten, wenn die Regel nicht eingehalten wird?

Exkurs: Wie ich rede – auch mit mir

»Worte können Fenster sein – oder Mauern.« Mit diesem Satz unterstreicht der international bekannte Konfliktmediator Marshall B. Rosenberg die dringende Notwendigkeit, unsere Art zu sprechen unter die Lupe zu nehmen. Auch wenn die meisten Menschen davon ausgehen, dass sie nicht »gewalttätig« sprechen, führen Worte doch oft zu Verletzungen und Leid. Besonders unter Stress enthalten viele Sätze Vorwürfe, Anschuldigungen, kränkende Belehrungen, klein machende Vergleiche und andere, oft nur »zwischen den Zeilen« zu hörende Zutaten, die dem Gegenüber weh tun können.

Wir können das verhindern. Der wichtigste Schlüssel für eine Sprache, die den anderen nicht verletzt, ist die so genannte »Ich-Botschaft«. Das heißt: Wir reden nicht über den Gesprächspartner (»Du-Botschaft«), sondern von uns selbst, unseren Gefühlen, Bedürfnissen und Wünschen. Dahinter stehen zwei wichtige Erkenntnisse:

1. Das Verhalten anderer Menschen ist nicht die Ursache für unsere Gefühle, sondern kann höchstens der Auslöser sein. Wir sind niemals wütend, weil jemand anderes etwas Bestimmtes gesagt oder getan hat. Zwar legt unsere Alltagssprache diese schuldzuweisende Taktik oft nahe: »Du enttäuschst mich, wenn du schlechte Noten hast.« Oder: »Ich bin traurig, weil du das getan hast.« Tatsächlich haben aber nicht andere, sondern wir selbst die Verantwortung für unsere Gefühle. So hängt die Enttäuschung über schlechte

Noten unserer Kinder stark von unseren eigenen Erwartungen ab. Zudem sehen wir, wenn wir »gut drauf« sind, die Vier in Englisch gelassener und nehmen auch die Enttäuschung unseres Kindes über seinen Misserfolg wahr. Wir versuchen, unser Kind zu trösten und für die weitere Arbeit zu ermutigen. Stehen wir dagegen selbst unter Stress, neigen wir eher dazu, die Schuld für die unangenehmen Gefühle beim anderen zu suchen (»Eine Vier! Auch das noch!«) und ihn womöglich noch dafür zu bestrafen.

2. Hinter jedem Vorwurf steckt ein Wunsch, oder: »Hinter jedem Ärger findet sich ein Bedürfnis, das nicht erfüllt ist«, erklärt Rosenberg. »Leider haben die meisten von uns nie gelernt, in Begriffen von Bedürfnissen zu denken. Wenn sich unsere Bedürfnisse nicht erfüllen, dann denken wir automatisch darüber nach, was andere Menschen falsch gemacht haben. Deshalb kritisieren wir vielleicht unsere Kinder als faul, wenn sie die Mäntel auf der Couch liegen lassen – nur weil wir gerne möchten, dass die Mäntel im Schrank hängen. … Immer wieder habe ich die Erfahrung gemacht, dass in dem Moment, wo Leute anfangen, über das zu sprechen, was sie brauchen, statt darüber, was mit dem anderen nicht stimmt, die Wahrscheinlichkeit, einen Weg zur Erfüllung aller Bedürfnisse zu finden, dramatisch ansteigt.« (aus Marshall B. Rosenberg: Gewaltfreie Kommunikation. Junfermann, Paderborn 2003, S. 109)

Heimliche Wünsche werden nun einmal unheimlich selten erfüllt. Rosenberg schlägt deshalb vor, immer wieder bewusst den Satz »Ich bin wütend, weil du…« zu ersetzen durch »Ich bin wütend, weil ich … brauche«. Gerade in unangenehmen Konfliktsituationen nicht auf das Verhalten des anderen zu schauen, sondern auf das, was man selbst braucht, erfordert viel Übung. Das Reden in »Ich-Botschaften« (s.u.) ist dabei eine entscheidende Hilfe. Wenn wir von uns sprechen, können auch andere eher unsere Gefühle und Bedürfnisse wahrnehmen – und dadurch ist die Chance umso größer, dass sie ihr Verhalten darauf einstellen.

Eine neue Gesprächsstrategie lernen

Eine Gesprächsstrategie, die Eskalationen und Verhärtungen vorbeugt und Lösungen erleichtert, umfasst insgesamt vier Schritte:

1. **»Wenn ich sehe …«:** Die konkrete Situation oder das konkrete Verhalten des anderen wahrnehmen.
2. **»… dann löst das bei mir … aus.«:** Die eigenen Gefühle und Gedanken benennen.
3. **»Ich brauche …«:** Die eigenen Bedürfnisse benennen.
4. **»Deshalb wünsche ich mir …«:** Die eigenen Wünsche formulieren.

Gewissermaßen spiegelbildlich ergibt sich daraus eine Strategie für ein hilfreiches Zuhören:

1. **»Sag mir, was passiert ist oder was dich bedrückt.«:** Sich ganz dem Gesprächspartner zuwenden, Blickkontakt halten.
2. **»Du hast also, du fühlst dich also …«:** Die Gefühle oder Wertungen des Gesprächspartners erfragen.
3. **»… und du möchtest oder brauchst …«:** Die Bedürfnisse des Gesprächspartners erkunden.
4. **»Könnten wir vielleicht …«:** Lösungsmöglichkeiten erwägen.

Der »innere Dialog«

Es ist vor einen Konfliktgespräch sehr wichtig und hilfreich, den eigenen »inneren Dialog« wahrzunehmen. Dort entwickeln sich die gleichen Mechanismen von Schuld und Verantwortung, von Gefühlen und Bedürfnissen.

Nach einem anstrengenden Tag kommt Herr Ording nach Hause. Er öffnet die Haustür und ist entsetzt: Kinderschuhe und Jacken sind auf dem Boden verstreut, ein Schulranzen liegt dort, ein herausgefallenes Buch daneben… Und schon beginnt sein innerer Dialog: »Das sieht hier ja wieder aus wie im Schweinestall. Einfach unmög-

lich, die Jungs! Kein Benehmen!« Und schon ruft Herr Ording ins Haus: »Peter, Jan! Kommt mal ganz flott runter!«

Wie es weitergeht, kann sich jeder vorstellen: mit einer mächtigen Standpauke.

Im inneren Dialog wird der konkrete Dialog mit dem Gesprächspartner vorbereitet. Es setzen sich Urteile, Bewertungen über sich selbst, den Anderen und die Beziehung zu ihm zu einem klaren Bild zusammen. Das bildet den Hintergrund für das, was schließlich wie gesagt wird. Und so sagt ein Blick auf den inneren Dialog viel über das »äußere« Kommunikationsverhalten aus.

Es lohnt sich deshalb, schon beim inneren Dialog die von Rosenberg empfohlene Übung zu machen und beim ersten Gefühl von Ärger ganz bewusst die auftauchenden Vorwürfe zu ersetzen durch: »Ich bin wütend, weil ich … brauche. Deshalb habe ich die Bitte, dass …« Führen Sie also auch den inneren Dialog anders, nämlich mit »Ich-Botschaften«, die weder »gut« noch »schlecht« kennen, sondern »neutral« wahrnehmen.

Ein paar Tage später findet Herr Ording bei seiner Heimkehr ein ähnliches Chaos vor. »Nein, schon wieder ... Das darf doch nicht wahr sein.« Die Gedanken scheinen ihren Lauf zu nehmen. Dann aber hält er kurz inne und sagt sich weiter: »Wenn ich die Unordnung auf dem Boden sehe, macht mich das stinksauer! Ich merke, dass ich einen aufgeräumten Flur brauche, um hier gut ankommen zu können. Also werde ich die Jungs bitten, dass sie die Sachen wegräumen.« »Jan, Peter!« ruft er ins Haus.

Vermutlich fallen Ton und Wortwahl des nun folgenden Dialogs zwischen Vater und Kindern jetzt anders aus.

Üben Sie mit sich selbst

Theoretisch klingen diese Gesprächs- und Zuhörregeln ganz einfach. Praktisch braucht es jedoch viel Zeit, Geduld und Wohlwollen mit sich selbst, um seit langem eingeschliffenes Gesprächsverhalten zu ändern. Umso mehr lohnt es sich, wenn Sie die neue Art zu reden gewissermaßen im »Trockenkurs« üben, unbelastet von akuten Auseinandersetzungen mit anderen. Gesprächstrainings (Adresse im Anhang, S. 138) oder der innere Dialog bieten Ihnen dazu gute Gelegenheiten. Dabei dürfen am Anfang Ihres inneren Dialogs die zornigen Du-Botschaften stehen, da sie erst einmal Ihre unerfüllten, eigenen Bedürfnisse deutlich machen: Hinter jedem Vorwurf, den Sie erheben, steckt ein Wunsch. Danach aber sollen Sie die Du-Botschaft in eine hilfreiche Ich-Botschaft umformulieren.

Wenn Sie »um des lieben Friedens willen« stets schweigen, Harmonie um jeden Preis anstreben oder sich in Konfliktsituationen eher selbst die Schuld an der Streitsituation geben, können Sie sich erst einmal im Schimpfen üben. Für Sie kann die zornige Du-Botschaft im inneren Dialog mit dem darin steckenden Ärger eine hilfreiche Brücke zum Wahrnehmen und Mitteilen Ihrer eigenen Bedürfnisse sein. Denn Ihre Kinder brauchen zwar keine Schimpftiraden, aber sie müssen wissen, was ihr Verhalten bei anderen, vor allem bei ihren Eltern, auslöst. Und Ihre Kinder brauchen Grenzen.

Die Zehn-Punkte-Strategie zur Konfliktlösung

An jedem Samstag fahren die Krombachs mit dem Auto zu den Großeltern. Die Zwillinge Sandra und David mögen die Großeltern sehr. Doch auf der langen Hin- und Rückfahrt – jeweils anderthalb Stunden – gibt es jedes Mal Streit und Lärm auf der Rücksitzbank. Die Eltern haben schon versucht, die Situation mit den Kindern zu besprechen und mit ihnen logische Folgen zu vereinbaren: »Wir halten jedes Mal an, wenn es zu laut wird, weil wir uns dann nicht mehr auf das Fahren konzentrieren können.« Doch das half nur vorübergehend. Bald ging das »Theater« wieder von vorne los. Und statt anderthalb dauerte die Fahrt dann manchmal zwei Stunden oder länger – zum Ärger von allen.

Das eigentliche Problem hinter den Kabbeleien der Zwillinge ist durch die logische Folge, die die Eltern einsetzten, also nicht gelöst. Der Konflikt tritt auf den Fahrten immer wieder auf. Unter dem Druck der aktuellen Konfliktsituation ist eine weiterführende Lösung nicht möglich. Umso wichtiger ist es, das Thema später – wenn alle sich beruhigt haben – wieder aufzugreifen und eine vernünftige Lösung zu suchen, bevor der gleiche Konflikt erneut auszubrechen droht (im Fall der Krombachs: vor der nächsten Fahrt zu den Großeltern).

Die Krombachs entscheiden sich, gemeinsam nach einer Lösung zu suchen. Sie verwenden dazu eine ähnliche Strategie wie bei der Einführung von Regeln – zehn Schritte, die sich in drei Phasen einteilen lassen.

Phase I: Positionen klären – Gefühle anerkennen

1. Ein Gespräch vereinbaren

Sagen Sie Ihrem Kind, worüber Sie mit ihm sprechen möchten. Bitten Sie um sein Einverständnis und vereinbaren Sie eine Zeit: *»Ich möchte gerne mit dir über unsere Fahrten zu den Großeltern sprechen. Wann passt es dir?«*

Auch wenn, wie hier, mehrere Geschwister an einem Konflikt beteiligt sind, lohnt es sich oft, zunächst mit jedem unter vier Augen zu sprechen. Dabei lassen sich die einzelnen Sichtweisen genauer darstellen und wahrnehmen. Dies schließt nicht aus, dass sich abschließend alle Beteiligten zusammensetzen und die jeweils vorgeschlagenen Lösungen und Konsequenzen gemeinsam erörtern. Oder dass das Thema im Familienrat (S. 130 ff.) zur Sprache kommt.

2. Nach den Gefühlen des Kindes fragen

Fragen Sie nach dem Erleben Ihres Kindes oder bringen Sie zum Ausdruck, welche Gefühle und Motive Sie hinter dem Verhalten Ihres Kindes in der Konfliktsituation vermuten: *»Ich glaube, es ist für dich ganz schön langweilig, wenn du während der Fahrt so lange stillsitzen musst. Liege ich da richtig?«*

3. Verständnis für die Gefühle des Kindes zeigen

Wenn Sie Verständnis für die Gefühle Ihres Kindes zeigen, heißt das nicht, dass Sie sein Verhalten gutheißen sollen. Hier geht es ausschließlich um die Gefühle; das Verhalten steht – noch – nicht zur Diskussion.

Wenn Sie seine Gefühle akzeptieren und respektieren, fühlt sich Ihr Kind verstanden und angenommen. Das ist eine wichtige Grundlage für das weitere Gespräch. Oft hilft es, wenn Eltern sich an ähnliche Situationen und Gefühle erinnern: *»Mir war früher auch langweilig, wenn ich bei Familienfeiern lange stillsitzen musste. Ich kann das gut verstehen.«*

4. Die eigene Position erklären

Sagen Sie Ihrem Kind, warum Sie sein Verhalten nicht akzeptieren können. Teilen Sie ihm Ihre Gefühle mit, schildern Sie ihm die möglichen Gefahren einer Situation und die Bedürfnisse anderer Beteiligter: *»Leider können wir nichts daran ändern, dass Oma und Opa so weit entfernt wohnen. Und wenn ich dann so häufig anhalten muss, dauert die Fahrt noch länger, und mir ist die gute Stimmung verdorben. Eure Rangeleien nicht beachten und einfach durchfahren, kann ich nicht. Ich brauche Ruhe im Auto, weil ich mich konzentrieren muss.«*

Verzichten Sie auf Anschuldigungen, Beschämungen oder Predigten! Ihr Kind würde sich danach nicht mehr als gleichwertiger Partner akzeptiert fühlen und wäre weniger zur Kooperation bereit. Versuchen Sie möglichst bei sich selbst zu bleiben. Schildern Sie die konkrete Situation (»Wenn ich sehe/höre …«), benennen Sie Ihre Gedanken und Gefühle (»dann habe ich Sorge …«), Ihre Bedürfnisse und Ihre Wünsche (»Ich brauche … und wünsche mir deshalb …«).

Phase II: Lösungen suchen

5. Das Kind zur Mitarbeit einladen

Bitten Sie Ihr Kind, gemeinsam mit Ihnen eine Lösung für den Konflikt zu erarbeiten: *»Möchtest du mit mir überlegen, wie wir die nächste Fahrt zu den Großeltern für uns alle angenehmer machen können?«*

6. Lösungsvorschläge sammeln

Sammeln Sie die Vorschläge und Ideen zur Konfliktlösung auf

einem Blatt Papier. Versuchen Sie dabei aber nicht, Ihr Kind in eine bestimmte Richtung zu manipulieren. Nehmen Sie seine Vorschläge und Ideen genauso ernst wie Ihre eigenen. Gestalten Sie diesen Prozess so locker wie möglich und lassen Sie ruhig auch abwegige Gedanken zu. Lachen ist nicht verboten, im Gegenteil! Nur auslachen ist tabu! Machen Sie Ihr Kind noch einmal auf seine Gefühle aufmerksam: »Was könntest du tun, damit dir nicht so langweilig ist, wenn du hinten im Auto sitzt?« Erzählen Sie ihm auch, was Sie selbst gern während einer Autofahrt tun, wenn Sie nicht am Steuer sitzen.

7. Nicht akzeptable Lösungen streichen

Lassen Sie Ihr Kind überlegen, welche Vorschläge ihm nicht gefallen, und streichen Sie diese durch. Dann sagen Sie Ihrerseits, welche Lösungen Sie nicht akzeptieren können, und streichen auch diese.

8. Die beste Lösung aussuchen

Suchen Sie aus den übrig gebliebenen Vorschlägen die Lösung aus, die Ihnen beiden am besten gefällt, oder suchen Sie einen Kompromiss. Stimmen Sie nicht »um des lieben Friedens willen« einer Lösung zu, mit der Sie nicht ganz einverstanden sind oder gegen die Sie Widerwillen spüren. Jeder hat das Recht, ein Veto einzulegen, denn alle sollen gewinnen und keiner verlieren.

Halten Sie die notwendigen Schritte, die die Lösung erfordert, schriftlich fest: Wer trägt wodurch, wie und wann zur Lösung bei? *(»Ich besorge dir bis zur nächsten Fahrt einen Discman. Du suchst die CDs für die Fahrt aus.«)*

Phase III: die Lösung umsetzen und überprüfen

9. Erprobungszeit vereinbaren

Sprechen Sie ab, für welche Zeit die Lösung zunächst gelten soll: *»Wir versuchen das erst einmal für die nächste Fahrt zu den Großeltern.«* Vielleicht vereinbaren Sie außerdem ein geheimes Zeichen, mit dem Sie sich notfalls gegenseitig an Ihre Vereinbarung erinnern können.

10. Die Lösung überprüfen
Besprechen Sie nach dem nächsten »Test« mit Ihrem Kind, wie die Lösung funktioniert hat. Wenn es geklappt hat, wird diese Erfahrung Ihr Kind (und Sie selbst) ermutigen, weiter zu kooperieren. Wenn nicht, schauen Sie genau hin, woran es lag. Dann können Sie gemeinsam nach einer besseren Lösung suchen.

Vielleicht erscheint Ihnen dieses Verfahren zunächst künstlich und aufwändig. Aber es lohnt sich, wenn Sie offen an Lösungen herangehen können, sich auf diese Art der Konfliktlösung einzulassen. Denn diese Art der Konfliktlösung bietet die Chance, Ihr Kind zur Mitarbeit zu gewinnen und tragfähige Lösungen zu entwickeln, die den Familienalltag erleichtern und entspannen.

Wenn Sie die Zehn-Punkte-Strategie anwenden möchten, beachten Sie bitte noch folgende Hinweise:

- Die Zehn-Punkte-Strategie bietet keine Garantie dafür, dass Sie immer eine Lösung finden. Am besten vertagen Sie sich dann auf einen späteren Zeitpunkt und vereinbaren mit Ihrem Kind ein weiteres Gespräch.
- Kinder, die nicht zur Mitarbeit bereit sind, müssen die logischen Folgen tragen, die Sie für die entsprechende Situation formulieren, um den Konflikt wenigstens vorläufig zu regeln.
- Versuchen Sie Ihrem Kind mit der Zehn-Punkte-Strategie auch zu helfen, wenn es Probleme mit anderen hat. Entwickeln Sie gemeinsam mit ihm eine Lösung.
- Als »Leitfaden« für die konkrete Arbeit mit dieser Strategie sind die einzelnen Schritte in dem Protokollbogen auf S. 29 f. übersichtlich zusammengefasst.

Die Zehn-Punkte-Strategie empfiehlt sich als »Werkzeug« für alle möglichen Konflikte, die in Familien mit Regelmäßigkeit wiederkehren, und zu denen Sie gemeinsam eine Lösung erarbeiten möchten.

Auch in diesem Fall ist es günstig, wenn Sie sich auf das Gespräch mit Ihrem Kind vorbereiten, sich möglichst in seine Motive und Gefühle hineinversetzen und sich über Ihre eigenen Empfindungen und Positionen klar werden. Das heißt aber nicht, dass das Ergebnis für Sie vorher schon feststehen soll (und Sie sich nur überlegen müssten, wie Sie Ihr Kind am besten »über den Tisch ziehen«). Im Gegenteil: Je ergebnisoffener Sie in das Gespräch mit Ihrem Kind gehen, desto besser.

Überblick: Schritte zur Konfliktlösung

1. Die Positionen klären: Worum geht es den Beteiligten?

Kind A?

Kind B?

Mutter

Vater

---

2. Vorschläge zur Lösung des Konflikts sammeln

Vorschlag A:

Vorschlag B:

Vorschlag C:

---

3. Vorschläge streichen, die nicht für alle akzeptabel sind

4. Übrig gebliebene Vorschläge sichten und entscheiden

____

Welche Lösung wird vereinbart? (Eine auswählen oder verschiedene miteinander verbinden)

____

5. Die Umsetzung planen

Welche Schritte sind zur Umsetzung der Lösung notwendig?

____

Wer übernimmt diese Aufgaben?

A ______________ *zuständig:* ______________

B ______________ *zuständig:* ______________

C ______________ *zuständig:* ______________

D ______________ *zuständig:* ______________

6. Die Lösung überprüfen

Termin: ______________

Der Familienrat tagt

Einen idealen Rahmen, sich mit seinen Kindern über das Miteinander in der Familie zu verständigen, bildet ein Familienrat: eine regelmäßige Zusammenkunft aller Familienmitglieder mit dem Ziel, für jeden einzelnen das größtmögliche Wohlbehagen im gemeinsamen Leben zu erreichen.

Dabei geht es nicht nur um die Regelung von Konflikten, sondern auch um Pläne fürs Wochenende oder die Ferien, die Arbeitsteilung im Haushalt, Anschaffungen – eben alles, was alle angeht oder (mit)betrifft. Bereits mit drei bis vier Jahren können Kinder dabei schon kräftig mitreden und Ideen entwickeln. Jüngere Geschwister können von Beginn an mit dabeisitzen oder nebenan für sich spielen. Sie erleben so von

Anfang an die Atmosphäre des Familienrats mit und wachsen allmählich in die aktive Teilnahme hinein.

Im Prinzip stellt ein Familienrat also eine Erweiterung und »Formalisierung« der Gespräche dar, in denen Mütter und Väter sich bis dahin »allein« über wichtige Entscheidungen für die Familie einigten. Jetzt können und sollen alle, also auch die Kinder, ihre Wünsche und Probleme einbringen. Kinder und Eltern lernen dabei, ihre Vorstellungen und ihren Ärger zu artikulieren, aufeinander zu hören, sich gegenseitig zu respektieren und zu ermutigen und miteinander zu kooperieren.

Kurz: Ein Familienrat eignet sich hervorragend, um soziale Kompetenzen wie Toleranz- und Konfliktlöseverhalten einzuüben.

Seitens der Eltern setzt der Familienrat die Bereitschaft voraus, die Kinder den Familienalltag mit entscheiden und gestalten zu lassen – also ein Stück »Macht« abzugeben. Auf der anderen Seite »gewinnen« sie dadurch die Bereitschaft der Kinder, das Funktionieren des »Betriebs« Familie als ihre eigene Sache anzusehen und selbst Verantwortung dafür zu übernehmen.

Für den ersten Familienrat eignet sich am besten ein Thema, das nicht durch einen Konflikt in der Familie belastet ist, zum Beispiel die Planung eines Festes, der Ferien oder eine Anschaffung. »Heiße« Themen, bei denen zwei oder mehr Familienmitglieder aneinander geraten könnten, greifen Familien in diesem Kreis besser erst auf, wenn sie schon einige Erfahrungen mit dem Familienrat gesammelt haben.

So kann Ihr Familienrat konkret ablaufen

1. Bereiten Sie den Raum vor

Auf jeden Fall sollten Stifte und Papier bereit liegen, um die Ergebnisse festzuhalten. Je nach Thema (Anschaffungen, Ausflüge) helfen auch Info-Materialien weiter. Blumen oder eine Kerze auf dem Tisch, vielleicht auch eine Aromalampe, schaffen eine gute Gesprächsatmosphäre. Getränke sind möglich, Essen lenkt dagegen zu sehr vom Gespräch ab. Am Ende jeder Sitzung wird vereinbart, wer den Raum für den nächsten Familienrat vorbereitet.

2. Wählen Sie einen Gesprächsleiter und Protokollführer
Im ersten Familienrat übernimmt am besten die Mutter oder der Vater die Gesprächsführung. In einem der folgenden kann schon das Kind eine der Rollen übernehmen, wobei Sie es dem Alter entsprechend unterstützen können. Am Ende werden die Beschlüsse und die Namen derjenigen, die bestimmte Aufgaben übernehmen sollen, in ein Protokollbuch eingetragen. Darin können alle bis zur nächsten Sitzung auch ihre Wünsche eintragen. Oder Sie stellen einen »Briefkasten« für Vorschläge auf.

3. Machen Sie Komplimente
Um eine positive Atmosphäre zu schaffen, wird zusammengetragen, worüber man sich bei jedem einzelnen in letzter Zeit gefreut hat. Einer beginnt und bittet die anderen um Rückmeldungen; wer von diesen möchte, sagt etwas dazu.

4. Sammeln Sie Themen
Der Gesprächsleiter zählt die vorgeschlagenen Themen auf und fragt nach weiteren Vorschlägen.

5. Vereinbaren Sie die Tagesordnung
Nehmen Sie sich nicht zu viel vor! Je nach Alter der Kinder sollte der Familienrat 15 bis maximal 90 Minuten dauern.

6. Besprechen Sie die Themen
Achten Sie dabei auf die Einhaltung selbstverständlicher Gesprächsregeln. Keine Wortmeldung wird übergangen, jeder darf ausreden, auch der eher Ruhige sollte zu Wort kommen. Abwertende Äußerungen sind verboten. Versuchen Sie, Ergebnisse zu erreichen, denen alle zustimmen.

7. Halten Sie Ergebnisse fest
Die Beschlüsse werden aufgeschrieben. Eventuell wird genau festgehalten: Wer was mit wem tun wird, wie lange die Beschlüsse gelten, welche Folgen es hat, sollte sich jemand nicht an die Abmachungen halten. Zum Schluss wird festgelegt, wann die nächste Sitzung stattfindet und wer sie vorbereiten soll.

8. Feiern Sie gemeinsam
Als Lohn nach getaner Arbeit bieten sich zum Beispiel ein Spiel, Grillen, Eis oder Kuchen essen an. Kann oder möchte ein Familienmitglied nicht an einer Sitzung teilnehmen, sollten die anderen das akzeptieren. Der Protokollführer sorgt dafür, dass er hinterher über die getroffenen Entscheidungen informiert wird.

Überlegen Sie einmal: Erste Schritte zum Familienrat

Stehen Vorhaben oder Entscheidungen an, die Sie gemeinsam angehen möchten?

Was könnte Thema eines ersten Familienrates sein?

Wie könnten Sie den Familienrat Ihrer Familie »schmackhaft« machen?

Welcher Tag und welche Zeit könnte sich für Ihren Familienrat eignen?

Das Wichtigste im Überblick

- Kinder brauchen Regeln als »Geländer durchs Leben«. Diese helfen Eltern und Kindern, kooperativ miteinander umzugehen.
- Regeln funktionieren besser, wenn die Kinder selbst an der Formulierung der Regeln und deren Folgen beteiligt sind.
- Immer wiederkehrende Konflikte lösen Familien am besten mit einer ergebnisoffenen Strategie, die Gefühle und Interessen von Eltern und Kindern als prinzipiell gleichberechtigt anerkennt.
- Ein Familienrat ist ideal, um soziale Kompetenzen, Konfliktlöseverhalten und Verantwortungsbereitschaft in der Familie einzuüben.

Und wie geht's weiter?

Sie haben nun dieses Buch gelesen und vielleicht schon den einen oder anderen Impuls umgesetzt.

Und was ist jetzt? Gestern ließ Ihre 9-jährige Tochter wieder überall in der Wohnung verstreut ihre Sachen liegen und räumte nicht wie vereinbart auf. Und Sie sind doch wieder ausgerastet, haben geschimpft und gedroht, ihr den Kinonachmittag mit ihren Freundinnen zu streichen. Obwohl Sie genau wissen, dass Sie das nie und nimmer tun werden.

Zum Verzweifeln? Nein, das ist es nicht! In Stressmomenten brechen schnell alte, ungewollte Verhaltensweisen durch. Und einen Rückschritt kann nur jemand machen, der bereits nach vorn gegangen ist. So ist auch das Stolpern über »alte Verhaltensweisen« schon der erste Schritt zur weiteren Veränderung. Es bedeutet ein Wachsen in einer für das Kind förderlichen Erziehungshaltung, was sehr entscheidend ist.

Vielleicht haben Sie durch »Kess-erziehen« einige hilfreiche Anstöße erhalten, wie Sie weiter voranschreiten möchten. Nehmen Sie sich jedoch für den Alltag nicht zu viel vor, werden Sie nicht ungeduldig. Wählen Sie aus, welcher Spur Sie folgen und welchen Impuls Sie gerade umsetzen wollen. Gehen Sie so Schritt für Schritt weiter. Und wenn es Ihnen nun einmal in der Woche gelingt, sich dort, wo sie etwas ändern möchten, anders zu verhalten, bewirkt dies schon eine spürbare Veränderung. Lassen Sie sich durch Rückschläge nicht verunsichern. Es kann auch sein, dass das Kind durch die Veränderungen im Miteinander verunsichert ist und zunächst einmal mehr über die Stränge schlägt. Doch entspannt sich das Miteinander schnell, wenn das Kind spürt, dass Sie es ernst meinen und es sich angenommen, einbezogen und ernst genommen fühlt. Schauen Sie auf die sich dann ergebenden kleinen Veränderungen. Gehen Sie zuversichtlich weitere an. Schauen Sie dabei ermutigend auf sich selbst!

Und: Vertrauen Sie darauf, Ihr Kind wird seinen eigenen Weg finden und das Leben meistern – erst recht, wenn Sie es »kess« begleiten.

Überlegen Sie einmal: Kess-erziehen – Ihre (Zwischen-)Bilanz

Was hat sich aus Ihrer Sicht in Ihrer Familie zum Positiven verändert?

Welchen Zeitraum hat diese Veränderung eingenommen?

Was hat sich an Ihrem Verhalten als Mutter oder Vater durch »Kess-erziehen« positiv verändert?

Wie reagiert Ihr Kind darauf?

Welche Veränderung gehen Sie im Moment an oder wollen Sie in nächster Zeit gerne verfolgen?

Was kann Ihnen dabei helfen? Was könnten die nächsten Schritte sein?

---

kooperativ

- Verantwortung altersgemäß übergeben
- Konflikte gemeinsam lösen (Konfliktlösestrategie)
- Familienrat durchführen
- Regeln gemeinsam formulieren

ermutigend

- Kinder so annehmen und wertschätzen, wie sie sind
- Edelsteinmomente erleben
- Selbstständigkeit fördern
- Probleme da lassen, wo sie hingehören
- auf sich und seine Bedürfnisse achten

sozial

- die sozialen Grundbedürfnisse achten
- das Miteinander gemeinsam regeln
- Gemeinschaft erfahren
- sich gegenseitig als gleichwertig respektieren

situationsorientiert

- auf Signale angemessen reagieren
- erfolgreiche Strategien »zum Abkühlen« einsetzen
- Konfliktsituationen entschärfen
- dem Kind die natürlichen und logischen Folgen des eigenen Handelns zumuten

Und was Sie sonst noch machen können

Um Ihre Erfolge beim »Kess-erziehen« zu festigen oder weitere Fortschritte zu machen, könnten Sie Folgendes tun:

Einen »Kess-erziehen«-Kurs besuchen

Im Kurs verinnerlichen Sie über viele Übungen und Rollenspiele den Ansatz des respektvollen Erziehungsstils. Erfahrungsorientiert, kurzweilig und lebendig erhalten Sie in 5 x 2 Stunden wesentliche Impulse für den Alltag; der Austausch mit anderen Müttern, Vätern und der Kursleitung sowie konkrete Anregungen für daheim erleichtern es Ihnen, Schritt für Schritt voranzugehen. Über 95 % der bisherigen Teilnehmenden stufen den Kurs als sehr empfehlenswert ein. Wo solche Kurse angeboten werden, erfahren Sie unter **www.kess-erziehen.de**

Sich mit Gleichgesinnten zusammentun

Sich gegenseitig Mut machen für den weiteren Weg, Ideen für bestimmte Erziehungssituationen sammeln und Anregungen zu konkreten Fragen bekommen – dies alles ermöglicht ein regelmäßiger Austausch mit Gleichgesinnten, etwa mit Müttern und Vätern, die ebenfalls dieses Buch gelesen oder den Elternkurs besucht haben, oder mit Freunden, die einen ähnlichen Erziehungsstil verfolgen.

Diese Angebote gibt es als Privatinitiative (über einen Aushang im Kindergarten oder der Kirchengemeinde), als Elternstammtisch (etwa im Anschluss an einen Elternkurs) oder als Kursangebot an einer Familienbildungsstätte oder einer anderen Bildungseinrichtung.

Eine Beratungsstelle aufsuchen

Manche Erziehungsprobleme können Eltern beim besten Willen nicht aus eigener Kraft, durch den Besuch eines Kurses oder durch Lektüre lösen. Dann ist es gut, sich Hilfe bei fachkundigen »Dritten« zu suchen, die das Leben der Familie aus einiger Distanz betrachten und Sie darin unterstützen können, manche versteckte Motive und neue Möglichkeiten zu entdecken.

Adressen von Beratungsstellen in Ihrer Nähe erfahren Sie bei der Bundeskonferenz für Erziehungsberatung e.V., Herrnstraße 53, 90763 Fürth, Tel. 0911-977140, **www.bke.de**, oder der DAJEB (= Deutsche Arbeitsgemeinschaft für Jugend- und Eheberatung), Neumarkter Straße 84c, 81673 München, Tel. 089-4361091, **www.dajeb.de**.

An einem Gesprächstraining teilnehmen

In Gesprächstrainings können Paare lernen, aufrichtig und einfühlsam miteinander zu sprechen. Evaluiert und als erfolgreich eingestuft sind die Gesprächstrainings »EPL – Ein partnerschaftliches Lernprogramm« (für junge Paare) und »KEK – Ein Kick mehr Partnerschaft« (für Paare, die schon länger zusammenleben). Eltern, die an einem solchen Training teil-

genommen haben, berichten, dass sich die veränderte Kommunikation in der Partnerschaft auch ausgezeichnet auf die Beziehung zu den Kindern auswirkt – weil sie die erlernte Art, miteinander zu sprechen, »automatisch« auch im Umgang mit den Kindern praktizieren. Informationen zu den Gesprächstrainings gibt es unter **www.epl-kek.de**.

Oder: Noch mehr lesen

Ein verlässlicher, lebensnaher Begleiter für Eltern durch die ersten neun Lebensjahre ihrer Kinder sind die Elternbriefe du + wir. Viele Themen, die Eltern in diesen Jahren beschäftigen, kommen darin zur Sprache: Partnerschaft, Erziehung, Schule und Glauben. Sie kommen zuverlässig, wann sie gebraucht werden: entweder per Post zweimal im Jahr, abgestimmt auf das Alter der Kinder, oder als Newsletter punktgenau viermal im Jahr.

Und das kostenlos: Die Elternbriefe wollen dazu beitragen, dass das Leben in Ehe und Familie gelingt. Dazu hat die katholische Kirche diese Initiative gestartet. Bestellt werden können die Elternbriefe im Internet unter **www.elternbriefe.de** oder per Mail an info@elternbriefe.de (bitte Name und Anschrift und Geburtsdatum des Kindes nicht vergessen und angeben, ob Post- oder E-Mail-Versand gewünscht wird).

Empfehlenswert ist zudem folgende **Literatur:**

Rudolf Dreikurs, Vicki Soltz: Kinder fordern uns heraus. Wie erziehen wir sie zeitgemäß? Klett-Cotta, Stuttgart 2011 (18. Auflage)

Rudolf Dreikurs, Loren Grey: Kinder lernen aus den Folgen. Wie man sich schimpfen und strafen sparen kann. Herder, Freiburg 2007 (5. Auflage)

Jesper Juul: Dein kompetentes Kind. Auf dem Weg zu einer neuen Wertgrundlage für die ganze Familie, rororo, 2009 (7. Auflage)

Jesper Juul: Grenzen, Nähe, Respekt: Auf dem Weg zur kompetenten Eltern-Kind-Beziehung, rororo, 2009 (4. Auflage)

Thomas Gordon: Familienkonferenz in der Praxis: Wie Konflikte mit Kindern gelöst werden; Heyne, 2012

Jane Nelson: Kinder brauchen Ordnung: Praktische Grundsätze für die Erziehung, Adonia, 2006

Bildquellen:

Die Cartoons von Renate Alf sind folgenden Werken entnommen:

Renate Alf, »Renate Alfs kleine Familienberatung« (Lappan Verlag 2007)

- Mensch Felix (hypermotorisch)
- Fernsehpädagogik

Renate Alf, »Schule ist, wenn man trotzdem lacht!« (Lappan Verlag 2008)

- Pablo (Picasso)

Renate Alf, »Der reinste Kindergarten!« (Lappan Verlag 2009)

- Kreisch!

Renate Alf, »Für aufgeweckte Eltern!« (Lappan Verlag 2011)

- Gartenschlauch
- Guck mal Papiiii
- Wut Mama Bauch
- Weltkindertag
- Reife Leistung
- Selbst geregelt
- Dampf ablassen
- gemeinsam beschlossen